HECTOR-HOGIER

PARIS

à la fourchette

Dessins d'ALBERT DE MONCOURT

PARIS

H. SEVIN ET E. REY, ÉDITEURS

8, BOULEVARD DES ITALIENS

1903

Paris à la Fourchette

HECTOR-HOGIER

Paris

à la

Fourchette

Dessins d'ALBERT DE MONCOURT

PARIS

P. SEVIN ET E. REY, ÉDITEURS

8, BOULEVARD DES ITALIENS

1903

AVANT-PROPOS

———

Ceci n'est pas un livre.

C'est une simple collection de feuillets volants — feuilles mortes ou jeunes pousses ! — une série d'*instantanés* pris au hasard des mille incidents, si minimes soient-ils — un pan de mur qui s'écroule, une rue qui s'ouvre, une vieille maison qui se ferme — que fait éclore quotidiennement l'inépuisable champ de la chronique parisienne.

La plupart de ces pages ont déjà reçu, sous forme d' « Echos » ou de « Nouvelles », l'hospitalité des colonnes de quelques grands journaux parisiens : le *Gaulois* a particulièrement droit à toute notre gratitude.

Ces petites « tranches de vie » découpées au jour le jour, avec, comme assaisonnement, une légère pointe d'érudition anecdotique, sont faites pour les palais qui aiment à varier parfois leurs menus et à se délasser des mets substantiels par de simples hors-d'œuvre.....

C'est, en un mot : Paris « à la fourchette ».

H.-H.

Projet primitif de couronnement de l'Arc de Triomphe

Projet de M. Falguière

Paris à la Fourchette

UN ARC-DE-TRIOMPHE INÉDIT

1810. — Pour recevoir Marie-Louise. — Cachez-moi tout cela ! — Les vingt-huit jours de M. Chalgrin. — Médaillons, trophées, allégories. — Le léopard britannique. — Travaux repris et abandonnés. — Il manque toujours quelque chose. — A quand le couronnement ? — Le secret de l'Avenir...

On s'apprête à célébrer l'anniversaire de l'inauguration de l'Arc-de-Triomphe. C'est peut-être le cas de rappeler une petite page de l'histoire, très accidentée, du célèbre édifice dédié à la gloire de nos armées et qui, au cours des vingt-six longues années que nécessita sa construction eut à subir bien des vicissitudes, contre-coup fatal des événements politiques qui marquèrent le début du dernier siècle.

Ces renseignements, vous les puiserez dans un ouvrage peu connu, publié par Nicolle et Debray,

libraires, rue Saint-Honoré, « en face celle du Coq »
et portant comme titre :

Description de l'Arc-de-Triomphe de l'Etoile
de ses bas-reliefs et de ses groupes
Paris — 1810

Cette date — 1810 — est une révélation, car
chacun sait que les groupes fameux d'Etex, de Rude
et de Cortot, ainsi que les bas-reliefs de Seurre, de
Feuchères, de Pradier et de Marochetti ne datent
que de 1832.

C'est donc d'un autre arc-de-triomphe — inédit,
celui-ci ! — qu'il s'agit... Consultons notre bro-
chure.

*
******
* * *

Donc, nous sommes en 1810. L'Empereur qui
rêvait déjà de *l'Aiglon,* a résolu d'unir l'aigle de
France, à l'aigle à deux têtes d'Autriche. Marie-
Louise va faire son entrée dans sa future Capitale.
Elle doit franchir la barrière de l'Etoile, où « l'arc »
sort à peine de terre, — sa première pierre n'ayant
été posée qu'en 1806 — et quel spectacle va s'offrir
à ses yeux ! C'est à peine si les « pieds-droits » du
futur édifice, s'élèvent de quelques mètres, disgra-
cieux et informes, au-dessus du sol.

Napoléon, à qui rien n'échappe, mande en son

cabinet l'architecte Chalgrin qui dirige les travaux.
« Cachez-moi tout cela », s'écrie l'Empereur. Quatre
semaines à peine doivent s'écouler avant la date
fixée pour l'entrée de l'impériale archiduchesse ; il
faut que d'ici là, coûte que coûte, l'arc-de-triomphe
imposant et majestueux soit érigé, en les dissimulant,
sur les blocs de maçonnerie en cours de construction.

Le Maître a parlé ; son désir est un ordre...
Vingt-huit jours plus tard l'Arc-de-Triomphe, figuré
en charpente et en toile, est terminé. Plus de cinq
cents employés ont été employés à l'exécution de
ce travail sorti de terre comme par enchantement.

En voici la description :

Les pieds droits des deux façades, côté de Paris et
côté de Neuilly, — ceux qui recevront plus tard le
Départ de Rude et les autres groupes si admirés de
nos jours — sont décorés de trophées d'armes
combinés avec des figures allégoriques, *la France* et
la Prudence. Sur l'attique se lit l'inscription :

A NAPOLÉON ET A MARIE-LOUISE

LA VILLE DE PARIS

Les pieds droits latéraux (côté de Paris) reçoivent
la décoration suivante :

A droite, le portrait de l'Empereur, avec cette légende :

Le bonheur du monde est dans ses mains

A gauche, un léopard rugissant, avec cette légende :

Il riait de nos discordes ; il pleure de notre union

Ceci est pour ces MM. les Anglais !

Du côté du Roulle *(sic)* voici quels sont les ornements choisis :

D'une part, l'Amour couronnant de myrtes et de roses le casque de Mars.

Légende : *Elle charmera les loisirs du héros*

D'autre part, le portrait de l'Impératrice.

Légende :

Nous lui devrons le bonheur de l'Époux auguste qui l'a placée si haut

Passons aux bas-reliefs : Du côté de Paris, là où nous voyons aujourd'hui les *Funérailles de Marceau* et la *Bataille d'Austerlitz*, figuraient :

A gauche, *La Législation* : L'Empereur indique de la main les tables où sont incrits les Codes civil et criminel. L'Innocence, sous la figure d'une jeune vierge, assurée désormais de la protection des Lois, se livre paisiblement au sommeil au pied du trône S. M.

A droite, *l'Industrie Nationale* : L'Empereur tient d'une main le Code du Commerce et, de l'autre, remet l'étoile de la Légion d'honneur à un honorable commerçant. Dans le fond une barque accoste à la Barrière de la Villette où les eaux de l'Ourcq viennent d'être amenées.

Sur la façade du côté de Neuilly, les motifs suivants servaient de décoration :

A gauche : *L'arrivée de l'Archiduchesse.* L'Empereur l'aide à descendre de son char, tandis que les Magistrats lui présentent, sur des coussins, les clefs de Paris.

A droite : *La Clémence de l'Empereur.* L'Empereur assis, la main appuyée sur sa redoutable épée, est couronné par la Victoire. Dans le fond, un camp couvert de tentes.

Enfin, la façade du côté de Passy représentait :
D'un côté, *l'Alliance de leurs Majestés !*
L'Empereur NAPOLÉON et l'Impératrice MARIE-LOUISE, revêtus des habits impériaux et entourés des attributs et armoiries qui caractérisent la France et l'Autriche, se donnent la main sur un autel placé aux pieds de la statue de la Paix. A côté, le Temps dicte à la Muse de l'Histoire la date de ce mémorable événement.

De l'autre, *la Prospérité de l'Empire.*

L'Empereur a placé sur le trône S. M. l'Impératrice.

Les Beaux-Arts, l'Agriculture, le Commerce, la Navigation sont à leurs pieds. Les Muses de la Peinture, de l'Architecture et de l'Art statuaire sont occupées à exécuter les grandes pensées de Napoléon Ier.

Pour compléter cette décoration, on voit la figure de l'Abondance assise aux pieds d'un Hermès représentant la Nature ; les Enfants qui l'entourent désignant la population.

Sous la voûte du plafond, un aigle aux ailes éployées mesure douze pieds de proportion.

*
* *

Telle est la description de cet arc triomphal peu connu et dont il nous a paru intéressant de rappeler le souvenir un peu effacé.

Cette « porte de gloire » n'eut d'ailleurs qu'une existence très éphémère et Chalgrin se remit vite à l'œuvre pour l'exécution du monument définitif.

Les travaux furent interrompus en 1814 et repris seulement en 1823, après l'heureuse campagne du duc d'Angoulême et c'est le 31 juillet 1836 que l'arc de l'Etoile fut terminé.

Terminé, écrivons-nous..... mais à vrai dire — c'est du moins l'avis de bien des gens — il ne l'est pas encore à l'heure qu'il est. Il lui manque toujours son couronnement pour lequel nombre d'artistes se sont, depuis tantôt un siècle, évertués en vain.

M. Hugot avait proposé, sous Louis-Philippe, de surmonter l'attique de figures isolées représentant les principales villes de France.

Un autre projet, de Rude, celui-ci, plaçait sur une calotte sphérique la figure colossale de *la France*, serrant, d'une main, le flambeau de la civilisation, appuyée, de l'autre main, sur son épée victorieuse, et assise sur un lion.

Barye, lui, rêvait d'un aigle gigantesque, en bronze, les ailes éployées.

La dernière tentative fut, il y a de cela une quinzaine d'années, celle de Falguière dont on se rappelle le quadrige monumental — mais de carton-pâte ! — qui s'effrita misérablement sous les baisers humides de la pluie et les morsures déchirantes du vent au bout de quelques mois...

A quand le couronnement définitif de l'Arc de Triomphe de l'Etoile ?

C'est le secret de l'Avenir.

DEUX « DISPARUS »

L'Ancien Passage d'Artois. — Italiana. — Les 500 couverts. — Le Divan. — Deux souvenirs d'Aurélien Scholl. — La Banque nationale. — Sanctuaire d'Art.

Il est de nouveau question du prolongement du boulevard Haussmann, entre les rues Taitbout et Drouot. Si ce projet se réalise, il fera disparaître entre autres immeubles intéressants, le passage vitré qui réunit la rue Laffite et la rue Le Peletier et dans lequel MM. Durand-Ruel ont installé — depuis longtemps déjà — leurs belles galeries de tableaux. C'est l'ancien « Passage d'Artois » qu'Emile de Girardin acheta en 1854 et qui, jusqu'en 1869, abrita des restaurants et établissements culinaires aux fortunes diverses mais qui ont laissé, tous, des traces dans l'histoire du Paris anecdotique.

On vit d'abord là le fameux restaurateur Paulo

Broggi dont on a dit qu'il avait fait pour la cuisine italienne ce que Donizetti et Rossini firent pour la musique du même pays dans l'établissement d'en face, l'ancien Opéra ; c'est-à-dire qu'ils la rendirent populaire en créant le dillettantisme des *Macaroni*, des *Ravioli* et autres *Pulpetti* généralement quelconques.

Puis vint le tour du Diner des « 500 couverts » que les revues de l'époque chansonnèrent à leur façon dans les termes suivants :

> On verra cinq cents perdreaux
> Suivre cinq cents fricandeaux,
> Cinq cents verres de Bordeaux
> Arroser cinq cents gâteaux,
>
> Et les cinq cents actionnaires,
> Qui m' donnent cinq cent mille francs,
> Auront, si j'fais mes affaires,
> Cinq cents francs dans cinq cents ans.

Hélas ! le public ne se renouvela pas... les cinq cents actionnaires furent ruinés au bout d'un an.

*
* *

— Tout proche était le *Divan* — encore un disparu — qui, de simple café, se transforma bientôt en *Club* littéraire et politique.

Pour en faire partie il fallait montrer patte blanche.

seuls les gens de lettres ou candidats gens de lettres pouvaient y prétendre.

Les garçons eux-mêmes n'y étaient admis qu'après un examen portant à la fois sur leurs capacités tant littéraires que culinaires...

Le *Divan* était la coulisse des Belles-Lettres comme son voisin, le *Café de l'Opéra,* était la coulisse de la Bourse. Parmi ceux qui le fréquentaient avec ferveur on peut citer : Alfred de Musset, Hetzel, Théophile Gautier, Gozlan, Méry, Auguste Vitu et aussi Aurélien Scholl qui a conté sur cet établissement des anecdotes amusantes :

— « Un soir d'émeute, dit-il, Gérard de Nerval tournait l'angle de la rue Rossini et se dirigeait vers la demi-tasse accoutumée.

« Une sentinelle avait été placée aux environs des bureaux du *National.* Gérard cheminait, rêveur et mélancolique. Il fut brusquement réveillé par le cri du fantassin :

— « Qui vive ?

— « *Ami.*

— « Passez au large !

— « Comme cet animal-là comprend l'*amitié!* murmura Gérard. »

Une autre fois, toujours au *Divan,* on causait musique. Il s'agissait de M. X..., chef d'orchestre d'un théâtre du boulevard dont on « débinait » les compositions.

— « Il a au moins un grand talent *d'accompagnateur*, risqua un homme bienveillant.

— « Accompagner! la belle affaire! s'écrie Beauvoir, les gendarmes aussi *accompagnent!* »

*
* *

Hélas vint l'année terrible... Elle vit sauter le *Divan*.

Par la suite, Emile de Girardin, qui fut un grand *oseur*, essaya de galvaniser l'ancien Passage d'Artois en y installant la « Banque Nationale. » Celle-ci eut, hélas! le sort du *Divan* et des *Cinq Cents Couverts*...

L'immeuble appartient aujourd'hui à la famille de M. Lalou, le successeur, à la *France*, de Girardin.

La peinture y tient désormais ses grandes assises. C'est là que Durand-Ruel a réussi à faire aimer du public les chefs-d'œuvre des Corot, des Manet, des Claude Monet, des Degas, des Pissaro et des Renoir, bien avant que le Luxembourg ait consenti enfin à leur ouvrir ses portes...

LE NOUVEAU *GAULOIS*

Le « cœur » de Paris. — Le « Jockey-Club » et ses successeurs. — Épitaphe célèbre. — Autre cercle : les « Ganaches ». — L'Hôtel d'Augny. — Madame Bonaparte.

Si, sur un plan de Paris, l'on trace deux diagonales se dirigeant, l'une de la porte d'Asnières à Bercy, l'autre, du lac Saint-Fargeau au viaduc d'Auteuil, on voit que leur point d'intersection — que l'on peut considérer comme le « cœur » de Paris — se trouve au carrefour formé par les boulevards, les rues Drouot et Richelieu. Cela est exact, topographiquement, au propre ; cela n'est pas moins exact, idéalement, au figuré ; et l'on peut affirmer que le point sur lequel le mouvement physique et intellectuel de la capitale atteint son maximum d'intensité est précisément occupé par la rotonde de l'immeuble qui abrite le *Gaulois* au carrefour précité.

Cet immeuble ne date guère que d'une dizaine d'années. Sur son emplacement, on pouvait voir jadis une construction lourde et massive, mais intéressante par les souvenirs qu'elle évoquait.

Elle avait, en 1835, servi de berceau au *Jockey-Club* qui lui resta fidèle pendant vingt ans.

Les anciens, très anciens membres de ce « roi des clubs » vous diront que ce ne fut pas sans regret qu'ils durent quitter la belle terrasse qui se tenait « à cheval » — il s'agit du *Jockey* — à l'angle du boulevard Montmartre et de la Grange-Batelière, pour se transporter rue de Grammont et plus tard à la rotonde de la rue Scribe...

L'hôtel en question, après avoir appartenu au marquis de Louvois, fut acquis, en 1766, par le marquis de Laborde, banquier de la Cour et ami intime du duc de Choiseul. Vers 1783, il passa dans les mains du fermier général de Laage, qui le reconstruisit presque entièrement, et, en 1811, il devint la propriété du duc de Dino, dont les héritiers l'ont conservé durant de longues années. Outre le *Jockey-Club*, l'hôtel de Laage a abrité successivement Labarthe, le célèbre chirurgien baron Cloquet, les magasins Pleyel, et, en dernier lieu, la Compagnie fermière des eaux de Vichy.

*
* *

Sur le boulevard Montmartre, il s'appuie contre un hôtel d'apparence un peu lourde et « compassée », qui appartint longtemps aux descendants de l'adversaire des Turenne et des Condé, le fameux Mercy, dont la renommée se poursuivit après sa mort par l'épitaphe célèbre : *Sta, viator, heroem calcas !*..... « Arrête-toi, voyageur ; tu foules aux pieds un héros ! »

Depuis plus d'un demi-siècle, le « Grand Cercle » — ancien Cercle Montmartre — et parfois dénommé, de façon fort irrévérencieuse, « Cercle des Ganaches », occupe le premier étage de l'hôtel Mercy-Argenteau.

C'est, de tous les cercles parisiens, celui auquel dût être décerné le prix de persévérance et de fidélité. A l'encontre de ses congénères, le « Grand Cercle » n'est pas d'humeur vagabonde, et il a, jusqu'à présent, résisté à l'influence de cet aimant mystérieux qui tend à attirer vers le quartier de l'Ouest, le pôle de la vie parisienne.

Ajoutons que l'honorable clientèle de ce cercle se recrute dans un monde — gros commerçants et officiers ministériels — où l'on pratique assez volontiers le système du *statu quo*... Les chroniqueurs malicieux ajoutent qu'on y dîne encore à six heures, comme dans le mondebo urgeois d'il y a cinquante ans.

Le second voisin immédiat du *Gaulois*, sur la rue Drouot, est l'hôtel d'Augny, plus connu sous la dénomination d'hôtel Aguado, du nom du propriétaire qui l'acquit au début de la Restauration.

A la fin du siècle dernier, cet hôtel abrita le « Salon des Etrangers », sorte de cercle — assez peu fermé, celui-là ! — où on « donnait » à jouer et à danser... Le *tripot* se transforma bientôt en salle exclusive de Fêtes, terrain neutre sur lequel se rencontraient les personnalités les plus éminentes de la politique et de la diplomatie. A la fin du Consulat, Madame Bonaparte daigna s'y montrer.

Des mains de la famille Aguado de Las Marismas, l'hôtel d'Augny passa dans celles du banquier Ganneron de qui la Ville l'acquit vers 1848, pour y installer la mairie du deuxième arrondissement, devenu le neuvième en 1860, lors de l'annexion des anciennes communes suburbaines.

Cet hôtel était entouré de jardins splendides dont la majeure partie a été « mangée » par la construction du passage Jouffroy qui le borde à l'Est.

Le *Gaulois*, « agrandi et transformé », aux destinées duquel M. Arthur Meyer préside avec tant de *brio*, peut, on le voit, se flatter d'avoir des attaches aristocratiques...

AUTOUR DU « CARREAU »

Le dégagement des Halles Centrales du côté de la rue Saint-Denis figure au premier rang des travaux que l'édilité parisienne doit entreprendre.

Parmi les rues que ces travaux vont faire disparaître plus ou moins complètement, il faut citer la rue des Prêcheurs, sorte de « venelle » de cinquante mètres de longueur, tout juste, qui réunit la rue Pierre-Lescot à la rue Saint-Denis et n'est guère autre chose qu'un prolongement du *Carreau* des Halles car elle est presque exclusivement occupée par des « maisons de consignation » dont les produits, fruits, légumes, fromages et denrées, s'étalent à qui mieux-mieux dans le ruisseau de ce cloaque. Elle comprend aussi trois ou quatre « Hôtels » de fort peu attrayante apparence et dont l'hospitalité doit être aussi peu... écossaise que possible. C'est donc sans regret que l'on verrait disparaître cette ruelle si nous ne risquions de perdre avec elle le joli « poteau cormier » qui la décore à l'angle de la rue Saint-Denis.

Il consiste en un motif en bois sculpté qui grimpe jusqu'au faîte de ladite maison et qui figure un arbre d'où émergent douze rameaux à l'extrémité desquels fleurit une sorte de tulipe servant de chaire à un Frère-Prêcheur (d'où le nom de la rue voisine). L'arbre est couronné par une statuette de la Sainte-Vierge portant l'Enfant Jésus.

C'est le dernier spécimen de ce gracieux art ornemental que Paris possède encore. Ce serait grand dommage qu'il fût à tout jamais perdu.

TOUT EN HAUT DES CHAMPS-ELYSÉES

Deux jumeaux. — Les Hôtels Pasquier et Casimir-Périer. — Salons et « Bars ». — Le Promenoir de Chaillot. — Le château des Fleurs. — Un mot de Gavarni.

Le second des deux « châteaux-rouges » que l'on apercevait en montant les Champs-Elysées, sur la gauche, entre les rues Bassano et Galilée, va bientôt subir le sort de son aîné que la pioche du démolisseur a jeté bas : sur leur emplacement va s'élever une énorme bâtisse destinée à abriter un hôtel cosmopolite quelconque.

Ces deux hôtels jumeaux, faits de briques et de pierres de taille, au milieu d'un jardin verdoyant, avaient été construits par M. de Fontenilliat à l'intention de ses deux filles ; Madame la Duchesse d'Audiffret-Pasquier et Madame Casimir-Périer, mère du successeur du Président Carnot.

Le premier de ces deux hôtels fut cédé par M. le Duc Pasquier, l'éminent sénateur Académicien, à M. Récipon, décédé récemment, et qui avait épousé Mademoiselle Mollard, fille de l'introducteur des Ambassadeurs, et sœur de M. Armand Mollard, sous-chef de Protocole.

Le second hôtel, celui qui nous occupe, appartint longtemps à la famille Casimir-Périer. C'est là, croyons-nous, que naquit M. Jean Casimir-Périer, le 8 février 1847 ; c'est, en tous cas, dans une annexe de cet hôtel donnant sur la rue Vernet que s'écoula une partie de la jeunesse de « Jean-Casimir » comme on disait alors...

Après la guerre, cet hôtel fut occupé par Madame la Comtesse Regnault de Saint-Jean d'Angely, veuve du Maréchal, qui y donna, dans les magnifiques galeries qui bordent les Champs-Elysées, des fêtes brillantes dont elle faisait les honneurs avec autant de charme que de distinction.

Un « bar » et une *tea room* vont hélas ! remplacer tout cela...

Le terrain sur lequel s'élevaient ces deux immeubles bordait la rue des Vignes (aujourd'hui Vernet) que surplombait jadis une terrasse ombreuse qu'on a longtemps désignée sous le nom de « Promenoir de Chaillot » créé par un arrêté du Conseil d'Etat en date du 21 août 1777 et qui faisait le bonheur des bourgeois de ce paisible quartier.

A l'est, la rue Bassano actuelle s'appela, jusqu'en 1867, rue du « Château des Fleurs », conservant ainsi le souvenir de l'établissement chorégraphique auquel elle menait. Ce bal, rival de Mabile, était entouré d'un véritable parc et se distinguait du bal de l'. « Allée des Veuves » (notre actuelle avenue Montaigne) par une nuance : tandis que la clientèle de Mabile se recrutait exclusivement parmi les femmes qui, suivant le mot de Gavarni, « gagnent à être connues », les familles du quartier n'hésitaient pas à s'y montrer parfois et l'on pouvait voir des enfants jouant sous les bosquets du « Château-des-Fleurs ».

Mais que tout cela est donc loin !

RUE DU FOUR

La vieille rue du Four-Saint-Germain qui tire son nom de l'ancien four banal de l'Abbaye, supprimé en 1472, est attaquée, à ses deux extrémités, par la pioche du démolisseur qui en aura bien vite raison.

A l'emplacement du n° 8, actuellement éventré, débouchait l'affreux petit passage de l'Abbaye qui conduisait naguère à la prison du même nom, dont le souvenir rappelle des sanglantes journées de 1792 et du « Tribunal sanglant » de l'infâme Maillard.

Entre les rues Princesse et Mabillon s'élevait l'hôtel de Navarre, célèbre par le séjour de Charles le Mauvais. En face, au n° 12, se voyait, en 1785, le « Bureau de M. Rapin » — agence de placements... et de renseignements, le Tricoche et Cacolet de l'époque.

Le percement de la rue de Rennes avait déjà bouleversé la physionomie de cette rue en renversant la « Maison de la Fontaine » ainsi dénommée d'une enseigne qui la décorait, superbe bas-relief du commencement du XVIIe siècle que l'on peut admirer aujourd'hui au Musée Carnavalet, et la maison de la « Chaste Suzanne » dont les jardins s'étendaient jusqu'à la rue du Vieux-Colombier, tout contre une caserne de mousquetaires dont le roman d'Alexandre Dumas a perpétué l'inoubliable souvenir, et qu'occupent aujourd'hui les braves pompiers de Paris.

Avec les démolitions actuelles vont disparaître, entre autres merveilles intéressantes, les Hôtels Héricart de Thury et Molé de Champlâtreux ; le restaurant du « Pied de Mouton » ; enfin un vieil hôtel de voyageurs dont la chambre n° 9, sise au troisième étage, reçut un beau jour la visite d'un petit lieutenant d'artillerie qui, sur le « livre d'entrée », apposa la signature suivante : *Napoleon Buonaparte.*

Le « Corse aux cheveux plats » était, à cette époque, à peine français !...

VIEUX PALAIS, VIEUX SALONS

Le glas. — On ferme... — Oiseaux empaillés et plumes roussies. — Le Mont-de-Piété de l'art. — Une Victoire. — Grands hommes en plâtre. — Le salon de l'Empereur. — Blondin et Lebon. — L'Aigle et le maréchal Canrobert.

L'adjudication de la démolition du Palais de l'Industrie vient de s'effectuer; de 60.000 francs, chiffre de la mise à prix, elle s'est élevée à 255.000 francs sous la condition que les travaux commenceraient dans les cinq jours. Le glas du *vieux* palais a donc sonné; déjà la pioche a attaqué le pavillon sud-ouest, et le commissaire de police qu'il abritait a dû chercher un refuge du côté de la façade principale qui, on le sait, doit servir d'écran aux deux palais à édifier et ne disparaîtra que quelques semaines avant leur inauguration officielle.

Quant à la grande piste centrale, on lui accorde le

quart d'heure de grâce en faveur du prochain concours hippique ; le Salon trouvera encore à se
loger dans les pavillons Sud-Est et Nord-Est, provisoirement conservés, et que vont lui abandonner
l'Exposition des colonies, les Arts libéraux et l'Expo-
tion des femmes peintres et sculpteurs.

*
* *

Prise de court, l'Exposition des colonies déménage
au plus vite. Dans d'énormes caisses s'entassent, en
hâte, pirogues et « sampangs » défoncés, armes rouillées, sauvages en carton-pâte, idoles multicolores...

Dans une vitrine carbonisée gisent, pêle-mêle, une
centaine d'oiseaux empaillés, horriblement « défi-
gurés », grimaçants, affreux à voir, victimes infortunées de l'incendie du 26 décembre qui faillit
détruire la grande horloge de Collin, au-dessus de la
tribune réservée au président de la République pendant le concours hippique.

Il y a là notamment, accroché à une poutre noircie,
un malheureux palmipède, au bec tordu, aux ailes
carbonisées, qui fait véritablement peine. Autant
de moins à emballer, nous dit-on ! Quant au reste,
Dieu sait ce qu'il en adviendra.

Hier matin même, quatre prolonges d'artillerie sont venues « charger » les caisses d'armes pour les porter au musée des Invalides. Le surplus de cette vieille friperie exotique ira s'échouer dans les sous-sols du musée Galliera. L'en sortira-t-on jamais ?

Non moins triste est l'aspect que présente l'immense enfilade des salles qui ont abrité tant de *vernissages* élégants, et qui aujourd'hui, vides et délabrées, respirent la ruine.

Dans un coin, derrière une cloison à moitié défoncée, un amas de tableaux couverts de poussière, empilés les uns sur les autres : Ce sont, paraît-il, les « oppositions », c'est-à-dire les toiles sur lesquelles l'âpreté des créanciers de tel ou tel exposant insolvable a mis *l'embargo,* avec défense de sortir du Palais... Que va devenir ce Mont-de-Piété de l'art ?

A terre, dans une salle à côté, au milieu de gravats et de flaques d'eau, un lot d'énormes cadres démontés. L'un d'eux porte encore sur son cartouche l'inscription du beau tableau de Detaille : *les Victimes du Devoir*.

Plus loin dans la salle 33, deux toiles colossales: l'une intitulée, la *Délivrance de Bethulie*; l'autre, la *Cuisine des Etoiles*, n° 2.226. Leur auteur n'a pu encore les faire retirer et l'on parle de les expulser incontinent.

*
* *

Bref, c'est partout la désolation. En bas, le spectacle est plus poignant encore. Dans un coin une *Victoire*, en plâtre effrité, les deux bras cassés — et pourtant elle ne date que de 1893 — abandonnée, meurtrie, semble pleurer sur ses lauriers flétris...

Dans un autre angle du Palais, un lot de statues, de bustes que l'on a déménagés en toute hâte, nous fait voir plusieurs célébrités passées, présentes ou futures, Berryer, Gambetta, Casimir-Perier le père... Deux énormes statues équestres, Henri IV et Napoléon Ier, pour lesquelles on n'a jamais pu trouver d'emplacement — seront-elles plus heureuses un jour ? — se font mélancoliquement vis-à-vis. La vue de ces « deux grands débris se consolant entre eux » ne laisse pas que d'être suggestive.

Quand nous aurons dit que les moineaux parisiens, qui ne respectent rien, ont déjà pris possession de cette immense volière, et que trois lapins — on ne nous croira pas, mais c'est la vérité vraie — échappés de leurs cages lors de la dernière exposition des animaux de basse-cour, prennent aujourd'hui leurs ébats dans ce qui fut la salle 40, jadis réservée aux photographies, nous aurons épuisé le stock de nos « instantanés » recueillis au cours d'une promenade dans cette Thébaïde désolée.

*
* *

On ne rencontre un peu d'animation que dans les pavillons nord, en façade sur les Champs-Elysées, où se sont installés les dessinateurs attelés à la grande œuvre de 1900, et qui occupent « le Salon de l'Empereur », le « Cabinet du médecin » et le « Salon de l'Impératrice ».

Dans cette dernière salle on peut encore voir, suspendu au plafond, un médaillon de toile peinte représentant une ronde d'amour se tenant par la main et entourant les initiales N et E... La cheminée de marbre et la porte d'honneur, qui, depuis 1870, était dissimulée derrière une cloison à droite du « salon carré », en haut de l'escalier principal, seront conservées et recueillies par le musée Carnavalet. Elles sont ornées l'une et l'autre de motifs de bronze de toute beauté. Le même sort est réservé à la cheminée monumentale en chêne doré et aux consoles superbes qui garnissaient le « salon de l'Empereur ».

*
* *

Sans évoquer ici le souvenir de toutes les fêtes auxquelles le palais moribond a servi de cadre, terminons par une anecdote peu connue de la grande *Kermesse* de 1877 qui, plusieurs mois durant, fit la joie des Parisiens venus pour admirer les excentricités de l'équilibriste Blondin.

Un autre original partagea avec lui la faveur populaire. C'était un nommé Lebon, fabricant de jeux, que nous avons longtemps connu concessionnaire des chevaux de bois et des « bateaux aériens » de l'avenue Gabriel.

Au-dessous de la corde raide de Blondin, Lebon avait installé une sorte de *ballon captif*, ayant la silhouette d'un aigle aux ailes éployées, doré sur toutes les coutures. Lebon montait à califourchon sur son aigle et, au grand ébahissement du public qui n'a jamais pu surprendre le secret d'un ingénieux mécanisme soigneusement dérobé à ses yeux, s'élevait, planait et redescendait « dans les airs ».

Le maréchal Canrobert était très friand de ce spectacle. Chaque jour, après déjeuner, il venait admirer, du haut de la galerie circulaire, le « vol de l'Aigle ».

Qu'y voyait-il ? Le vol d'un regret, ou le vol d'une espérance?...

LE TUNNEL DU BOULEVARD DES ITALIENS

L'encombrement devenant chaque jour plus grand dans certaines rues et à certains carrefours, rendant la circulation de plus en plus difficile et dangereuse, on propose toutes sortes de façons de remédier à cet état de choses.

On organise des arrêts combinés des files de voitures, on prie MM. les cochers de vouloir bien marcher au pas, etc.

On parle aussi de passerelles légères qui permettraient de traverser facilement et de ramener le soir à ses enfants un père intact. On parle même de tunnels facilitant ladite circulation.

Ceci n'est pas nouveau; il existait au siècle dernier, entre le café Cardinal et l'hôtel occupé aujourd'hui par le *Gaulois*, un véritable « tunnel » sous la chaussée du boulevard !

C'est en l'an 1709, que le chevalier Pierre Crozat, propriétaire riverain des deux côtés du « cours », obtint de la Ville l'autorisation de réunir, par un passage souterrain, son orangerie aux jardins en terrasse qu'il possédait à l'entrée de la rue Drouot actuelle, et ce, moyennant 500 livres une fois payées, et une rente annuelle de 10 livres.

Ce passage souterrain existe-t-il encore?

En tous cas, il y a là pour nos ingénieurs une idée à... creuser.

A PROPOS DE SQUELETTES

La curieuse découverte qui vient d'être faite d'une fosse remplie de squelettes de cerfs dans les fouilles d'une maison portant le numéro 10 de la rue de la Pépinière ramène l'attention sur ce coin, méconnaissable aujourd'hui, de l'ancienne *Petite Pologne* dont les derniers contreforts venaient mourir au bas de la rue du Rocher actuelle.

Là se trouvait, à la fin du siècle dernier, une voirie publique dite « des Grésillons », ce qui peut expliquer, dans une certaine mesure, la découverte en question.

Tout autour, d'affreuses ruelles sombres et escarpées se composaient presque exclusivement de *garnis* où l'on logeait « à la corde ». Chacun avait le droit, moyennant cinq centimes, payés d'avance, d'y « reposer »... Le seul mobilier consistait en une ficelle tendue parallèlement au mur et à 80 centimètres du sol. Le jour venu, on coupait la corde qui avait tenu lieu d'oreiller aux « clients » et ceux-ci étaient bien forcés de s'éveiller et de déguerpir...

Sur l'emplacement de l'un de ces taudis, entre la rue de la Pépinière et celle des Grésillons (aujourd'hui rue de Laborde), tout contre l'ancienne voirie, on ouvrit, en 1832, la galerie du *Soleil d'Or*, ainsi dénommée du soleil doré placé à la grille de l'une de ses entrées et qui existe toujours (galerie de Cherbourg). C'est dans l'une des échoppes de ce passage que Balzac plaça le théâtre des dernières turpitudes du Baron Hulot, l'un des héros des *Parents Pauvres*.

———

LES « PRÉMONTRÉS » DE PARIS

Déjà les démolisseurs se sont emparés de l'amphithéâtre à pavillon conique et des hauts bâtiments délabrés qui furent jadis l'église du collège des Prémontrés, à l'angle des rues de l'Ecole-de-Médecine et Hautefeuille.

L'abside de cette église, rendue méconnaissable par les transformations qu'elle avait subies et qui abrita longtemps l'établissement de Turlot, un limonadier fameux au quartier Latin, sortait de l'alignement. Elle était vouée à une destruction certaine.

Fondée au treizième siècle sur l'emplacement de la maison du bourgeois Pierre Sarrazin, dont une rue voisine garde le souvenir, l'église avait été démolie en 1618 et reconstruite, bientôt après, sous l'invocation de saint Jean-Baptiste et de sainte Anne. Confisquée, elle fut vendue au profit de la Nation, le 20 février 1792. Quelques mois plus tard, le 13 juillet 1793, le corps de Marat, qui demeurait tout à côté, au numéro 20 de la rue de l'Ecole-de-Méde-cine, y fit une halte avant d'être transporté en la « cy-devant » église des Cordeliers, en face.

Ce fut sa première étape.

La seconde fut le Panthéon ; la troisième, l'égout de la rue Montmartre...

Toujours la réplique de la roche Tarpéienne au Capitole !

LES « VIEILLES HAUDRIETTES »

La nouvelle Cour des Comptes. — Un bon ménage parisien. — Changement de nom. — L'Assomption. — Rats de caves et rats d'égoûts. — Le Grand Livre. — Le palais de l' « Infantado ».

La Cour des Comptes est à la veille de gagner son long procès... Voilà vingt-cinq ans que, *provisoirement* installée dans l'aile Montpensier du Palais-Royal — alors que ses archives pourrissent dans les sous-sols du pavillon de Marsan — elle fait en vain entendre ses doléances auprès des Pouvoirs Publics. Satisfaction va lui être enfin donnée, et d'après les termes du projet qui vient d'être présenté à la Chambre, c'est sur le vaste terrain appartenant à l'Etat, à l'angle des rues Cambon et du Mont-Thabor que sera installée notre grand tribunal financier.

L'immeuble en question, formé de constructions

disparates dont quelques-unes tombent en ruines, fait vraiment tache dans ce quartier ultra-élégant qui s'étend de la place de la Concorde à la place Vendôme — telle une malencontreuse verrue déparant un joli visage, — mais il a son histoire.

C'est là, qu'en 1632, le cardinal François de La Rochefoucauld, dont l'hôtel s'ouvrait sur la rue Saint-Honoré, transféra le couvent des *Vieilles-Haudriettes* installé, depuis trois siècles, à l'entrée de la rue Mortellerie, et qui avait été fondé dans des circonstances assez curieuses.

Etienne Haudry, panetier du roi, ayant suivi Saint Louis en Terre-Sainte, s'écarta au retour et s'égara plusieurs années durant dans les solitudes de la Galice. Son épouse, demeurée au logis, et, se croyant en état de viduité, s'enferma dans sa maison, pour y vivre en prières, avec plusieurs compagnes veuves. Lorsque le panetier survint, ayant toujours, malgré les dures traversées du voyage, bon pied et bon œil, grande fut sa joie, mais non moins grand fut son embarras... Pour en sortir les deux époux convinrent de créer et d'entretenir, dans leur propre demeure une communauté de douze femmes qui prit le nom des fondateurs, gens de cœur et d'esprit, fort riches, mais déjà d'un âge avancé : d'où le nom de *Vieilles-Haudriettes* donné à l'ordre nouveau.

Après la mort du bon ménage Haudry, les *Vieilles-Haudriettes* quittèrent la rue qui avait pris leur nom — elle existe toujours au quartier du Marais — pour aller s'établir à la Mortellerie. C'est là, que le cardinal de La Rochefoucauld alla les chercher pour les transporter rue Saint-Honoré, modifiant, en même temps que leur domicile, leurs règles conventuelles et leur appellation. Ces Dames devinrent les religieuses de l'*Assomption* d'où le nom de la belle chapelle, copie du Panthéon de Rome, qui sert d'annexe à Sainte-Madeleine, et dont la coupole est une merveille de hardiesse et d'élégance.

*
* *

Sur une partie des terrains confisqués aux « cy-devant » Dames de l'Assomption, les Consuls, par un arrêté du 1er floréal an **X**, ouvrirent une section de la rue du Mont-Thabor, la rue de Mondovi, et la rue Neuve-de-Luxembourg (aujourd'hui Cambon) prolongée.

De l'ancien couvent des *Haudriettes*, qui a long-temps servi de quartier à la garde municipale, il ne reste plus que deux bâtiments percés d'arcades au rez-de-chaussée et où l'on admire, à juste titre, un escalier à balustres de pierre et le balcon en fer forgé d'une terrasse qui sent son XVIIe siècle.

Depuis le 16 février 1854, la Direction des Finances s'est emparée de ce local où elle a placé successivement le double du « Grand Livre » de la Dette Publique, un dépôt de matériel, des archives, un bureau de poste, le laboratoire d'essais et d'analyses de la *Régie des contributions indirectes* — vous savez, celle qui a remplacé les fameux *Droits réunis !* — enfin un entrepôt de tabacs...

C'est un véritable bazar, très « administratif » — nous ne disons pas très mal tenu ! — un véritable « fouillis » où viennent s'échouer tous les échantillons prélevés ou saisis par la Régie et qui, après analyse, s'en iront, pour la plupart, faire le bonheur des pensionnaires de l'Assistance publique, après avoir fait le malheur des « délinquants ».

Les cours sont encombrées de bouteilles vides, et de « Dames-Jeanne » aux flancs rebondis qui s'accumulent en piles fantastiques. Sur les galeries de l'ancien couvent s'élèvent d'énormes « bastilles » de vignettes multicolores : congés, licences, passe-debout, à faire pâmer d'aise tous les *gabelous* de France et de Navarre !

Ce singulier amas d'objets hétéroclites va être dispersé aux quatre-vents. Le « Grand Livre » de la

Dette Publique va s'en aller — la Dette, elle, restera, hélas ! — soit à Saint-Cloud, soit à Versailles, dans l'aile gauche du palais, rue Gambetta, près de la salle du Congrès... Le reste s'en ira en fumée — il s'agit de tabacs — et la Régie n'y perdra rien !

Le vieux capharnaüm a vécu ; il va disparaître et sera peu regretté... sauf peut-être par les rats du quartier qui s'y livraient, dit-on, à des orgies folles ! Sur l'immense terrain déblayé s'élèvera, majestueux, le nouveau palais de la Cour des Comptes qui deviendra, de la sorte, le voisin immédiat de l'hôtel de l'*Infantado* qui appartint jadis au vieux « roi » de la Diplomatie européenne, Talleyrand, et où l'empereur de Russie descendit en 1814.

PARIS AUX ÉTRANGERS

Après les hôtels Casimir-Périer et Pasquier dont nous avons parlé et qui ont été rasés, aux Champs-Elysées, pour faire place à un caravansérail international, c'est aujourd'hui le tour de l'un des plus beaux immeubles de la place Vendôme. Celui qui porte le numéro 15 va être transformé de fond en comble pour devenir la banale succursale d'un hôtel *Métropole* ou *Excelsior* généralement quelconque. Décidément, les étrangers nous envahissent et Paris n'est pas près de perdre sa vieille réputation d'hospitalité...

Cet hôtel eut, au siècle dernier, comme locataire, le duc de Lauzun qui y composa ses fameux mémoires.

Au début de ce siècle il passa dans les mains de la famille d'Escayrac de Lauture dont l'un des représentants, voyageur intrépide, est connu par ses explorations et par sa courageuse conduite en Chine lors des massacres de 1850 et de 1855.

Il y a une quarantaine d'années, les frères Péreire prirent possession de cet hôtel pour y installer le *Crédit Mobilier* d'où partirent, à travers le monde, tant de gigantesques affaires aux fortunes diverses...

Décidément, cet hôtel était voué au cosmopolitisme.

UNE NÉCROPOLE PEU CONNUE

C'est au Jardin des Plantes que nous l'avons retrouvée.

Dans le vieux bâtiment, autrefois destiné aux galeries de zoologie, aujourd'hui abandonné et masqué par les imposantes constructions nouvelles, s'ouvre au rez-de-chaussée, en contre-bas de la rue Geoffroy-Saint-Hilaire, une sombre salle, froide, lugubre et humide.

Là s'élevait, jusqu'en 1802, une chapelle où furent déposés, au temps jadis, les restes du créateur du « Jardin royal des herbes médicinales », Guy de La Brosse. Lors de la démolition de la chapelle, le cercueil de La Brosse fut exhumé et placé sur de simples tréteaux, dans la cave en question ; en 1832, les restes du célèbre voyageur Jacquemont vinrent aussi échouer là... et pendant de longues années on put voir, dans la plus indécente promiscuité de caisses éventrées et de débarras de toute sorte, les cercueils des deux grands savants, aujourd'hui pourvus de monuments convenables.

Daubenton, lui, repose en paix, depuis le commencement du siècle, sous un tertre verdoyant surmonté d'une stèle nue, à l'ombre du cèdre fameux que Jussieu rapporta — soit dit entre parenthèses — non dans son chapeau, mais dans un petit pot de terre, non du Liban, mais de Londres, tout simplement.

Et voilà comme ces trois botanistes fameux reposent aujourd'hui — à perpétuité ! — au milieu des plantes et des herbes qu'ils ont tant aimées, dans ce « Père-Lachaise » au petit pied et fort peu connu, on nous fera bien cette « concession ».

PAUVRES ENFANTS !

A l'entrée de la cour de Commerce, rue de l'Ancienne-Comédie, on peut lire l'inscription suivante dont nous respectons la forme :

Dans le passage il est défendu :

1° Aux enfants, *d'y* séjourner et jouer ;

2° Aux musiciens et ambulants *d'y* séjourner.

Pour les *ambulants*, soit ; leur sort, ici-bas, étant, par essence de *déambuler*.

Pour les musiciens, sans partager entièrement l'avis de M. Reyer, nous passons encore condamnation.

Mais, appliquée aux enfants l'interdiction n'est-elle pas un peu sévère ? L'auteur de cette inscription ne connaît-il donc pas la jolie romance de Massenet — un musicien lui aussi — qui commence ainsi :

> On ne devrait faire aux enfants
> Nulle peine, même légère ?...

Nous demandons grâce pour les enfants !

LE « MUR DES ENRAGÉS »

On est en train de le démolir, là-bas, en bordure des jardins de l'hôpital Saint-Louis, et bientôt il n'en restera plus une pierre.

D'où lui venait ce surnom bizarre?

S'il faut en croire les bonnes gens du quartier, c'est le long de ce mur, dans lequel s'ouvrait une porte donnant accès aux salles de clinique dentaire, que devaient attendre les malheureux venant se faire opérer pour causes de « rages » de dents...

Ajoutons que, comme tout bon mur qui se respecte, celui-ci était en plein courant d'air.

Alors tout s'explique !

L'HOTEL BRUNSWICK

Il en restait bien peu de chose : un morceau de jardin, grand comme un mouchoir de poche, avec quelques marronniers qu'on est en train de déraciner, à l'angle des rues Beaujon et du Bel-Respiro. Bientôt il n'en restera plus rien, que le souvenir.

Etrange et mystérieuse, l'habitation que s'était fait construire là le duc de Brunswick, pour y enfouir ses trésors, dit la légende, avec ses murailles peintes en rose pâle, ses volets verts avec réchampis dorés !

C'étaient là, paraît-il, les couleurs préférées du duc qui les avait également choisies pour la décoration de ses carrosses fameux qui firent jadis courir tout Paris à l'hippodrome de l'avenue de l'Alma.

Il y a une quinzaine d'années, la baronne James de Rothschild acheta l'hôtel Brunswick, le fit raser et, sur son emplacement, édifia une nouvelle construction, qui a disparu à son tour.

Aujourd'hui, une compagnie d'assurances y élève une collection d'immeubles immenses avec eau, électricité, téléphones, ascenseurs...

Art moderne !

LA PETITE-POLOGNE

On la croyait complètement disparue depuis le percement du boulevard Malesherbes et des belles rues adjacentes; et pourtant il en reste encore un lambeau, sous la forme d'un tertre gazonné, couvert d'une herbe rare, qu'une chèvre souffreteuse vient brouter de temps à autre, la malheureuse !

Quelques arbustes rabougris et un immense amas de tessons de bouteilles et de gravats de toute sorte complètent ce tableau, encadré de toutes parts par des maisons à six étages.

Ce débri de l'ancien escarpement de la Petite-Pologne peut se voir dans le fond d'une cour de la rue de Laborde, attenant à un immeuble de la rue de la Bienfaisance, qui appartenait au baron de Soubeyran et qui sera vendu sous peu.

Il y a là, pour un partisan éclairé de l'alliance franco-russe, une affaire tout indiquée et pas banale à réaliser...

Acheter, pour le détruire, le dernier lambeau de... la Petite-Pologne.

———

MARAT

*Au magasin d'Auteuil. — Marat s'ennuie. — Retour
de Montsouris. — Le Sénat dit oui : Le Conseil
municipal dit non. — Marat revient sur l'eau...*

On en parle à nouveau depuis quelques jours et
Marat attend son sort dans le magasin de la Ville
à Auteuil, entre la statue de l'Impératrice Joséphine
qu'on a descendue de son socle du carrefour Galilée
— elle y remontera peut-être un jour ? — et celle
de Louis Blanc, devenu... *vert* de moisissure à force
d'être mouillé !

L'œuvre, assez peu connue, du sculpteur Baffier
nous montre le pourvoyeur de la guillotine accroupi
et demi-nu, une couverture jetée sur les jambes et
occupé à écrire sur une tablette posée sur ses genoux
le « quatrain » suivant :

> Tu te laisseras donc toujours duper
> peuple babillard et stupide.
> Tu ne comprendras jamais qu'il faut
> te défier de ceux qui te flattent.

. . . .

En 1887, la statue de Marat fut placée sur l'une des pelouses du parc Montsouris et pendant quatre ans les habitués du parc Monceau de la rive *extrême-gauche* ont pu contempler à leur aise les traits grimaçants du personnage.

Un beau jour — ou plutôt une belle nuit, — la statue déménagea à la cloche de bois.

Que s'était-il donc passé ?

Il était arrivé qu'un honorable Sénateur, M. Fresneau, que le hasard, sans doute, avait conduit à Montsouris et qui était revenu fort ému de la découverte qu'il y avait faite en saisit *illico* le Sénat, sous forme de « question » adressée, entre deux articles de la loi des finances, le 6 février 1891, au gouvernement.

Le débat fut animé.

C'était une révélation. Personne ne se doutait que Marat fût exposé dans une promenade publique de Paris ! Le gouvernement, représenté alors par M. Constans, jura ses grands dieux qu'il n'en avait pas connaissance... Beaucoup de sénateurs mirent en doute l'existence même du monument ; tous furent unanimes à protester contre l'exhibition publique de l'instigateur des massacres de septembre. Un membre de la Majorité dénia à l'œuvre — inté-

ressante, d'ailleurs, en elle-même, du maître Baffier — le caractère exact de « Statue » ; il déclara
que c'était plutôt une « scène » ; que cela ressem-
blait — le rapprochement mérite d'être consigné —
« aux lions et aux tigres *(sic)* qui décorent tous nos
jardins publics »...

Tel fut aussi, sans doute, l'avis de l'Administration
qui, enfin éclairée, fit enlever, « de nuit, » le Marat
en question et le remplaça par le *Tigre luttant contre
un serpent* dû au ciseau de Georges Guadet et exposé
quelque temps auparavant au Salon sous ce titre :
« Le Drame du Désert ». Naturellement, ladite
Administration reçut bientôt après un blâme de la
part du Conseil municipal.

M. Pétrot, le conseiller du quartier de la Monnaie, protesta en termes violents contre cet « enlèvement nocturne ». MM. Denys Cochin et Ferdinand
Duval soutinrent au contraire, une fois n'est pas
coutume, l'Administration qui fut blâmée par
cinquante suffrages contre onze, le 4 mars 1891.

Mais la voix de nos édiles se perdit, elle aussi, dans
le *désert*... Ce fut le second acte du *drame.*

...Voilà qu'aujourd'hui Marat revient sur l'eau...
Et il y a là comme un souvenir de... baignoire !

LE PAVILLON PERRONNET

Le Palais de l'Industrie est toujours à l'ordre du jour.

A l'époque où fut édifié ce monument, on éleva de droite et de gauche, aux Champs-Elysées, des constructions aux destinations variées mais toutes d'un égal mauvais goût.

L'un de ces édicules, aujourd'hui occupé par un modeste café, est situé à l'entrée du Cours-la-Reine, en face du kiosque de l'ancien « chemin de fer américain ». C'est peut-être le moins connu de tous ; il a pourtant son histoire.

C'est là que l'on pouvait encore voir, il y a une soixantaine d'années, un délicieux pavillon à deux étages, du plus pur style Louis XVI, tout en pierres de taille et en briques, orné d'un attique surmonté d'un délicieux toit mansardé, et que nos pères ne désignaient jamais autrement que sous le nom de « maison Perronnet ».

Ce pavillon avait en effet été concédé, pour qu'il fût à la portée de son œuvre, à l'ingénieur Perronnet qui, par un véritable tour de force, réussit à construire le pont Louis XVI en quelques mois, de 1789 à 1790.

Plus tard, le restaurant Boulet, qui eut une vogue assez durable, vint s'y installer.

Lors des travaux entrepris pour « embellir » les Champs-Elysées, le joli petit pavillon Perronnet disparut.

Il n'a malheureusement pas été remplacé.

PARIS VILLAGE

Depuis tantôt quarante ans que l'annexion des anciennes communes suburbaines est un fait accompli et que le *mur murant Paris* qui rendait *Paris murmurant* a disparu définitivement, on pourrait croire que l'œuvre d'unification est aujourd'hui complète.

Il n'en est rien cependant et cela se voit à certains petits détails de voirie échappés à la sagacité municipale, mais que sait bien découvrir l'œil du Parisien fureteur.

Un exemple : à quelques pas de la place Clichy, presque en face du restaurant du père Lathuile — c'est-à-dire, ou peut s'en faut — en plein Paris, on voit mélancoliquement fixé au mur d'une vieille maison, une plaque « vicinale », qui nous indique que nous sommes au village de Batignolles, département de la Seine ; à 1 kil. 5 de Paris et 4 kil. 7 de Notre-Dame, d'un côté ; et, suivant la direction de

5.

l'autre flèche, à 2 kil. de Saint-Ouen et à 23 kil. de Pierrefitte.

Malgré l'injure du temps, le lavage des pluies et l'abandon dans lequel on les a laissées depuis 1860, ces inscriptions surannées sont encore très lisibles.

Il y a quelques semaines à peine, à l'angle de la rue de Lévis et du boulevard des Batignolles, une plaque vicinale analogue pouvait se voir, accrochée au flanc d'un vieux cabaret qui vient d'être jeté bas : c'était la plaque du village de Montceaux *(sic)*.

Celle des Batignolles est, à notre connaissance, la dernière qui ait résisté aux transformations de la voirie parisienne.

FAUTE D'ARGENT...

Les belles constructions élevées au Jardin des Plantes entre la rue de Buffon et la vieille avenue des Tilleuls, pour abriter les nouvelles galeries de paléontologie et d'anatomie comparée, devaient être inaugurées dès les premiers jours de l'été prochain... et voilà que, tout à coup, les travaux sont brusquement arrêtés.

La plupart des ouvriers ont été congédiés et les chantiers sont sur le point d'être définitivement fermés.

Les raisons de ce regrettable arrêt, c'est, on le devine, le manque de fonds : il y a eu — une fois n'est pas coutume ! — erreur dans les devis qui sont restés bien au-dessous des nécessités du travail entrepris ; les crédits, bien insuffisants, ont été employés jusqu'au dernier sou : il ne reste rien en caisse !

Tout espoir n'est cependant pas perdu : au fond des tiroirs du coffre-fort de la rue de Grenelle dans lequel l'Etat jette, bon an mal an, plus de 200 millions, il restera bien, en fin d'exercice, les quelques billets de mille francs nécessaires à l'achèvement des travaux entrepris.

Allons, un bon mouvement !...

IL N'EN RESTERA BIENTOT PLUS RIEN...

C'est du Marais que nous voulons parler. Après l'hôtel Le Pelletier, voué à une transformation presque complète, c'est aujourd'hui le tour de l'hôtel d'Anglade, son voisin de la rue des Archives, qui a été vendu samedi et dont les derniers moments sont arrivés.

Mansard l'avait construit pour le compte de François Le Juge, intéressé dans les affaires du Roi. C'était un véritable bijou d'architecture, serti entre deux cours monumentales que réunissait une voûte à fronton de toute beauté. La comtesse de Choiseul-Stainville y demeurait vers la fin du règne de Louis XVI ; puis ce fut le tour d'un accapareur de blé, qui y fut remplacé par la famille d'Anglade.

Dans ces dernières années, un quincaillier exposait les produits se son industrie dans les salons décorés par Lebrun et Coypel.

Ajoutons que d'un boudoir, coquettement doré, on avait fait un bureau de comptabilité.

Ce n'est d'ailleurs pas le seul...

RATS DE VILLE ET LAPINS DE CHOUX

Ceci n'est pas un conte à la façon du bon La Fontaine, mais le récit véridique de ce qui se passe en plein cœur de Paris, tout contre la Bibliothèque nationale.

Il y a dix-sept ans que, dans le but très louable d'isoler notre *basilique* intellectuelle, on a abattu le pâté de maisons formant l'angle des rues Vivienne et Colbert. C'était fort bien ; malheureusement on s'en tint là et sur les terrains acquis à coups de millions, rien ne fut édifié, si ce n'est une affreuse palissade « provisoire » qui subsiste toujours et derrière laquelle, au milieu d'herbes folles, des rangées de choux de fort belle venue, servent de pâture à quelques lapins qui se sont installés là sans plus de vergogne !

Les lapins de la Bibliothèque y filaient des jours paisibles quand, tout dernièrement, des bataillons de rats, chassés sans doute par les expropriations de la rue Réaumur, ont envahi à leur tour cet enclos.

Ratapon a planté sa tente face de celle de Jeannot-Lapin ; la guerre est allumée entre les deux camps et il se passe là, paraît-il, la nuit surtout, des choses terribles...

Le mètre de terrain est vraiment un peu trop cher par-là pour que nous en fassions des arènes de combats pour rats et lapins.

A LA BUCHERIE...

Les annexes du vieil Hôtel-Dieu qui, de l'autre côté du petit bras de la Seine, font un si triste fond de décor à la place du Parvis–Notre-Dame, ne tarderont pas à être jetées bas.

Avec elles disparaîtra l'affreux couloir en bois qui enjambait la rue de la Bûcherie et faisait suite au pont Saint-Charles, de lugubre mémoire, surnommé le « Pont des Morts », parce qu'il servait de passage aux cadavres que l'on transportait à la chapelle mortuaire de Saint-Julien-lc-Pauvre.

A la place de ces ruines sordides, une vaste bâtisse s'élévera, vers laquelle les Arts Décoratifs, chassés du palais de l'Industrie, jetteront des regards suppliants...

Mais en vain, car il paraît que nos édiles ont déjà jeté leur dévolu sur ce bâtiment futur pour y installer les services de l'enseignement, aujourd'hui relégués dans la plus petite des deux casernes de la rue

Lobau, celle dont le fronton porte encore — le fait mérite d'être signalé — l'aigle impériale tenant dans ses serres la couronne murale de la Ville.

A l'avenir, donc, c'est dans les locaux de la rue de la Bûcherie que les aspirantes au brevet supérieur seront appelées à entrer en lice.

Rue de la « Bûcherie »... Si nous en croyons l'argot des écoliers, ce nom était prédestiné à abriter des efforts de candidats.

Ce qu'on va y « bûcher »...

LE PONT SAINT-BERNARD

Le quartier de la *Chapelle*, dont la dénomination rappelle l'oratoire où sainte Geneviève aimait à célébrer les vigiles, et celui de la *Goutte d'Or*, qui tire son nom d'un crû fameux, au temps jadis, par la richesse et la couleur de ses vins... vont enfin pouvoir se donner la main par-dessus la tranchée du chemin de fer du Nord.

D'accord avec la puissante Compagnie, la Ville inaugurera bientôt un immense pont métallique qui enjambera la voie ferrée d'un seul jet. On en achève en ce moment la construction, à grands renforts de boulons et de rivets, sur le square qui précède la jolie église ogivale de Saint-Bernard à la flèche élancée, chef-d'œuvre de l'architecte Magne.

Du côté de la Chapelle, le pont aboutira à une rue toute nouvelle, encore ignorée des nomenclatures officielles, la rue J.-B. Lépine — déjà ? monsieur le préfet — qui est bordée d'immeubles étincelants de blancheur, dont l'éclat contraste singulièrement avec l'aspect morose des échoppes de ce quartier déshérité.

LE TROU DU SOUFFLEUR

Tout le quartier Beaubourg, cet ancien village qui dut son nom à la riante verdure et à la beauté de son site — il y a longtemps de cela ! — est sens dessus-dessous.

Déjà, on a éventré cette vilaine « Cour des Miracles » formée par les rues Brantôme, du Maure, les « culs-de-sac » Bertrand et Beaubourg, et autres ruelles immondes...

L'expropriation, continuant sa marche, va bientôt attaquer la section de la rue Beaubourg, connue jadis sous le nom de rue Transnonain, qui acquit, lors des émeutes de 1834, une triste célébrité.

Au numéro 68 actuel (ancien 12 de la rue Transnonain), dans ce qui avait été jadis la chapelle des Carmélites, Doyen établit, sous la Restauration, un théâtre de jeunes élèves où Sanson, Liger, Bocage, Beauvallet, Arnal — d'autres encore — firent leurs premières armes.

Le 14 avril 1834, la salle Doyen fut signalée aux soldats comme le dernier centre de résistance des émeutiers. La lutte fut sanglante ; un seul assistant réussit à échapper à la fusillade : ce fut le successeur de Doyen qui, connaissant les lieux, se laissa précipitamment choir dans le trou du souffleur... Il était sauvé.

Comme quoi l'expression « être dans le troisième dessous » peut ne pas impliquer toujours une idée fâcheuse.

LE PETIT HOTEL CONTI

C'était en 1768. La Monnaie du Roi n'ayant plus ni feu ni lieu, on avait songé à l'installer dans le bel immeuble occupé aujourd'hui, place Louis XV, par le ministère de la marine. Par suite de difficultés d'appropriation, on renonça à ce projet et l'on fit choix du vaste hôtel des ducs de Nevers qui, après avoir été occupé par le secrétaire d'Etat Guénégaud, avait comme propriétaire le prince de Conti, un original dont la manie consistait à acheter, chaque jour, une bague nouvelle à une femme de son choix... L'hôtel lui fut payé 160,000 livres, ce qui permit au prince de continuer sa bizarre collection.

L'abbé Terray posa la première pierre de l'édifice dont nous admirons, sur le quai, le bel ordonnancement.

Une partie de l'ancienne demeure des Conti, connue sous le nom de « Petit-Hôtel », fut respectée, et, il y a quelques jours encore, on pouvait apercevoir, au fond de l'impasse Conti, derrière les bâtiments principaux, un ravissant pavillon orné d'œils-de-bœuf et de frontons finement sculptés, à demi-caché derrière un rideau d'arbres séculaires.

Les bureaux de la « garantie » se trouvant à l'étroit dans ce local, on vient d'édifier, devant la jolie façade du petit hôtel, des constructions neuves qui le dérobent désormais aux yeux du profane.

Les vieux arbres, eux aussi, ont disparu.

Notre âge est sans pitié.

———

LES « DAMES DE LA CROIX »

Le dégagement de l'église Sainte-Marguerite, au mystérieux cimetière, se poursuit par l'achèvement des rues Faidherbe et Jean-Macé — l'homme à la « Bouchée de pain » — sur les terrains dépendant jadis de la maison des Dames de la Croix.

Ce vieux couvent, dont les bâtiments ont été heureusement respectés, est l'un des plus anciens de Paris puisque c'est en 1639 qu'il fut fondé par Charlotte d'Effiat, fille du maréchal.

Les religieuses de la Croix, entre autres œuvres pies, essayèrent — tâche ingrate ! — de consoler le poète Cyrano de Bergerac au début de sa dernière maladie ; mais le satirique écrivain fut jusqu'au bout d'humeur volage ; il se lassa bien vite des bons soins des pieuses Dames et, sous prétexte de « changer d'air » se fit transporter chez un ami. Il y mourut, mais n'en fut pas moins inhumé dans le cimetière des Dames de la Croix qui reçut aussi les corps du

Duc et de la Duchesse d'Arpajon et celui de la Marquise de Clermont, veuve de Jean de Marchin et mère du Maréchal de France Marchin qui fut tué au siège de Turin, en 1706.

La Révolution mit la main sur la plus grande partie des terrains des Dames de la Croix, mais les bâtiments couventuels furent épargnés. Ils ont conservé jusqu'à nos jours leur entrée monumentale composée, en façade sur la rue de Charonne, d'un fronton finement ciselé, reposant sur deux élégantes colonnes entre lesquelles s'ouvre une porte cochère magnifiquement sculptée.

Le tout est du plus bel air et sent la « grande époque ».

LES TRIBULATIONS D'UNE CHAPELLE

On sait que, depuis Macbeth, il y a des forêts qui marchent. Les églises se mettraient-elles à suivre le mouvement ?

C'est au moins le cas d'un minuscule sanctuaire perdu dans les brouillards de la Seine, là-bas bien loin, au-delà des steppes stériles du Champ de Mars. Edifiée, il y a une trentaine d'années, sous le vocable de Saint-Alexandre pour assurer le service du culte dans les bas quartiers de Grenelle, cette chapelle a dû s'expatrier pour fuir les démolisseurs acharnés à sa perte et sur son emplacement passe aujourd'hui la rue de la Convention qui sera inaugurée, le 14 juillet, en même temps que le pont Mirabeau.

Elle a fini, la pauvre chapelle, après avoir beaucoup cherché, par trouver un abri sous le hangar d'une usine du voisinage, abandonnée et menaçant ruine. On y a replacé le modeste clocher de zinc pointu, la croix et les « abat-sons » que l'on avait démontés avec soin et, vaille que vaille, la petite église a pu remplir son pieux office.

Dans quelques jours la chapelle Saint-Alexandre sera définitivement réédifiée en bordure de la rue de la Convention, mais cette fois-ci le ciment et la pierre de taille remplaceront le hangar aux ais vermoulus et aux ardoises disjointes.

Espérons que ce sera sa dernière tribulation.

—————

UNE RUE MORTE

Depuis cinquante ans elle languit, solitaire, morne
et silencieuse ; l'herbe qui pousse à foison entre ses
pavés presque vierges en a fait un tapis à souhait
pour les ébats de la population enfantine du quartier...

C'est de la rue de Marseille, entre le quai Valmy
et la rue de l'Entrepôt, au quartier des *Marais-du*
Temple, que nous voulons parler.

Les enfants des concierges riverains songeaient à y
établir un *lawn tennis*... mais voilà que le nouveau
directeur des travaux de la Ville a décidé, pour essayer
de la galvaniser, de la prolonger jusqu'à la rue des
Marais. Pour cela, il va falloir jeter bas tout un îlot
de bicoques bâties sur l'emplacement des jardins et
des cultures maraîchères que traversait encore, à la
fin du siècle dernier, une rigole « dont les eaux sta-
gnantes et bourbeuses, lisons-nous dans une ordon-

nance du 22 juin 1782, exhalaient une vapeur infecte fort incommode pour les marais voisins ». La rue nouvelle aboutira au terre-plein du boulevard Magenta, sur l'emplacement d'une maison occupée par un homme à la notoriété sinistre, le bourreau Sanson, et à l'angle de l'ancienne rue de la *Grange-aux-Belles*, dont la dénomination caractéristique remonte à l'époque où le « Vert-Galant » avait, de ce côté, un rendez-vous... de chasse.

Vieux galons, vieux galants, vieux souvenirs !

LA MANUFACTURE DU COMTE D'ARTOIS

La blanchisserie parisienne est dans la consternation : la source à laquelle elle puisait si volontiers, et souvent pour le plus grand dommage du linge confié à ses soins, est tarie ; après cent vingt années d'existence — un double jubilé de diamants, quoi ! — l'usine de Javel vient de fermer ses portes.

C'est en 1777 que des capitalistes intelligents ayant sollicité et obtenu la protection d'un prince du sang, créèrent à Javel la « Manufacture de Monseigneur le comte d'Artois, pour les acides et les sels minéraux ». Les fondateurs de l'usine, hommes entreprenants, furent les premiers à obtenir, par un mélange heureux de chlore et de sous-carbonate de potasse, l'hypochlorite de potasse dit « eau de Javel », dont le renom est devenu, par la suite, universel.

L'usine remplaçait là-bas un moulin, où baigneurs et pêcheurs venaient se délasser à l'envi et manger la matelote traditionnelle.

Matelote et moulin vont-ils prendre leur revanche sur les ruines de la fabrique abattue ?

Qui sait ?

L'HOTEL DE MORTAGNE

L'immense brèche pratiquée à travers le démocratique « faubourg » de la rive droite, par le percement de l'avenue Ledru-Rollin, touche à sa fin, et dans quelques semaines la place Voltaire sera directement reliée au pont d'Austerlitz pour le plus grand bien de ce quartier populeux.

Avec la voie nouvelle a disparu tout un « fouillis » de cités et de ruelles inextricables, sans grand intérêt historique d'ailleurs : les cours du Bras-d'Or, souvenir d'une vieille enseigne ; de la Bonne-Graine, où se tenait jadis un actif marchand de grains ; les impasses Josset et Mortagne.

Cette dernière mérite une mention spéciale, car c'est sur son emplacement que s'élevait jadis l'hôtel de Mortagne, construit par le maréchal de Goyon-Matignon, seigneur dudit lieu.

Le comte de Mortagne, premier écuyer de la duchesse d'Orléans, avait, en 1711, entouré sa demeure d'un immense jardin où l'ambassadeur du Portugal, locataire de l'hôtel, sous la Régence, donna des soupers fins qui défrayèrent fort les chroniques du temps...

Le dernier occupant de l'hôtel Mortagne fut le mécanicien Vaucanson, l'homme aux canards fameux.

Il ne restait, de ce vieil hôtel, pour en conserver le souvenir et le nom, qu'une impasse sordide.

Il n'en reste aujourd'hui plus rien...

————————

PARIS-POTAGER

Après le figuier qui pousse sur la porte de l'administration de l'Opéra et que tous les Parisiens connaissent, après les choux qui s'étalent derrière la Bibliothèque nationale, on annonce à présent la découverte de l'asperge de l'Obélisque, sortant gaillardement du dallage qui entoure le monolythe égyptien.

Si cette irruption botanique donne une crâne idée de la fertilité du sol parisien et de la rusticité de l'asperge, elle n'est pas en faveur de nos cantonniers.

Faudra-t-il donc nous offrir le luxe d'un nouveau jardinier municipal qui, après le portier de l'Obélis que, de tintamaresque mémoire, viendra grever encore notre budget ?

Car, savez-vous bien que l'entretien de l'aiguille de Cléopâtre qui, grâce à l'architecte Lebas, orne depuis 1836 la place de la Concorde nous coûte déjà, bon an, mal an, si l'on se réfère aux comptes budgétaires, la somme de 13 fr. 82 c. (treize francs quatre-vingt-deux centimes)?

On espère en haut lieu que l'Obélisque — si la récolte est bonne — rapportera, l'année prochaine, ses frais d'entretien.

Mais que va dire Argenteuil?

LA MAIRIE DU IXe

Il paraît que nous sommes à la veille — il y a des « veilles » qui durent longtemps ! — de voir disparaître la vieille mairie de la rue d'Anjou. En vérité, elle était devenue insuffisante et indigne du beau quartier dont les intérêts municipaux lui sont confiés... Mais que de souvenirs historiques s'y rattachaient !

C'était l'ancien hôtel de Lorraine, ainsi nommé non pas de ce que Stanislas Leczinski, comme on l'a cru à tort, y eût résidé, mais parce qu'il avait abrité les dernières années de François-Armand de Lorraine, évêque de Bayeux.

Le marquis de Contades, « Cordon-Bleu », doyen des maréchaux de France, y demeura à son tour, et c'est là qu'il présida les dernières audiences du tribunal de la « connétablie ».

Cette juridiction spéciale, on le sait sans doute, connaissait de toutes les affaires concernant la guerre et le point d'honneur.

La « connétablie » disparut dans la tourmente révolutionnaire.

Joli passé de mairie.

CASERNE A VENDRE

Au ministère de la guerre on s'occupe en ce moment de la désaffectation éventuelle de la caserne de Belle-chasse qui ne répond à aucun besoin stratégique et dont le gouvernement de Paris tirerait un joli profit pécuniaire.

Cette caserne où, avant la guerre, on pouvait admirer les brillants « cent-gardes » de l'Impératrice, occupe les bâtiments conventuels d'un ancien rameau de Bénédictines, les Dames de Pentemont, dont la maison-mère était située près de Beauvais, sur la pente du mont Saint-Symphorien.

La Révolution « sécularisa » le couvent et le transforma en dépôt d'équipements militaires.

En 1802, la chapelle fut donnée au consistoire pour le service du culte réformé, mais c'est en 1846 seulement que fut inauguré le temple dont le beau portail orné de deux colonnes ioniques et surmonté d'un fronton circulaire, s'ouvre en bordure de la rue de Grenelle.

L'ILE DES SINGES

C'était un quartier misérable mais singulièrement pittoresque, perdu dans les bas-fonds de Grenelle; un « îlot » d'échoppes branlantes et de terrains lépreux, quartier général des chiffonniers et des boyaudiers de la rive gauche...

Il y a une quarantaine d'années, un gros personnage de la corporation, devenu riche et patron — « singe » dans l'argot du crû — acheta l'enclos et y traça trois rues qu'il baptisa du nom de sa progéniture : les rues Alphonse, Léontine et Virginie. L'édilité leur accorda le bénéfice du classement officiel, mais ce pâté de mansardes avait toujours conservé, dans le quartier, sa dénomination caractéristique.

La rue de la Convention a exproprié « l'île des singes... » région qui, malgré sa dénomination, n'était ni entourée d'eau ni peuplée de singes...

VIEUX SOUVENIRS

L'ancien hôtel Valentinois, qui, naguère, s'ouvrait à la fois sur les rues Saint-Lazare et de la Tour-des-Dames, va disparaître définitivement, et les quelques arbres qui rappelaient encore le souvenir de cette propriété princière feront bientôt place à de lourdes et banales maisons de rapport. Disons-leur vite un dernier adieu. Le duc de Valentinois, colonel du « Royal-Cravate », possédait là un jardin de cinq arpents, et l'hôtel qu'il avait fait restaurer par Ledoux a abrité successivement toute une pléiade d'hommes illustres : Montholon, Bassano, Berthier, prince de Wagram, Murat...

Talma, le grand tragédien, s'est éteint, en 1826, dans un pavillon dépendant de cette propriété et donnant sur la rue de la Tour-des-Dames.

Pendant plusieurs siècles, le moulin seigneurial des Dames-de-Montmartre joua des ailes en cet endroit, et la tour qui le soutenait n'a été renversée qu'en 1822.

Il paraît qu'en la démolissant on trouva dans ses murs une provision de vins mis en bouteille du temps de Henri IV.

Inutile d'ajouter — ce n'était pas du Jurançon — qu'il avait perdu tout son bouquet !

LA FOLIE RAMBOUILLET

Elle était située à Bercy et une rue du Paris moderne en a conservé le nom. Un petit enclos planté de quelques arbres chétifs, voilà tout ce qu'il en restait... Les récents agrandissements de la gare de Lyon viennent d'en anéantir les derniers vestiges.

Cette superbe demeure, entourée d'un parc fruitier fameux au temps jadis, avait été construite, en 1676, pour le compte d'un financier heureux, le sieur Nicolas de Rambouillet. C'est là qu'étaient reçus les ambassadeurs des puissances étrangères non catholiques, avant de faire leur entrée solennelle dans Paris.

L'hôtel disparut en 1726. Il n'avait, d'ailleurs, que le nom de commun avec l' « Hôtel de Rambouillet », où les beaux esprits du temps du grand Roi, de la duchesse de Longueville à Benserade en passant par Voiture et Racan, tenaient leurs assises, et qui s'élevait, celui-ci, dans la rue Saint-Thomas du Louvre, près du Carrousel, non loin du monument actuel de Gambetta.

LE « TROU AUX SUISSES »

Sur les terrains occupés jadis par les établissements Godillot et dévastés, il y a quelques années,
par un incendie terrible, s'élève aujourd'hui toute
une petite ville nouvelle dont les constructions somp-
tueuses ont absorbé, notamment la vieille cité
Pétrelle.

Elle tirait son nom d'un maraîcher voisin qui
avait là d'immenses vergers s'étendant jusqu'au boulevard extérieur et dans lesquels la terrible journée
du 10 août 1792 a laissé une longue traînée de sang...
C'est en effet dans les jardins du sieur Pétrelle que
l'on creusa une fosse où furent jetés pêle-mêle, sous
quelques pelletées de terre, les cadavres des cinq
cents soldats de la garde suisse tués en défendant les
Tuileries.

Le nom de « trou aux Suisses » est resté attaché à
cette lugubre sépulture.

LE JARDIN DE SAINTE-HÉLÈNE

Les jardiniers de la Ville ont fait l'autre jour, au square Vintimille, une intéressante découverte : tout en fouillant le sol pour y placer une nouvelle corbeille de fleurs, ils ont mis à jour le tronc, rabougri et vermoulu, du saule qui abritait jadis la statue de « Napoléon-Prométhée », provisoirement érigée en cet endroit.

Au commencement du second Empire, quelques fervents admirateurs de « l'Epopée » se cotisèrent pour édifier, dans un jardin appartenant à l'un d'eux, une statue colossale, en marbre, du grand Empereur. L'exécution en fut confiée au sculpteur Mathieu Meusnier, qui s'inspira d'une phrase historique de Napoléon Ier : « Nouveau Prométhée, le léopard anglais me ronge le foie sur mon rocher. »

Le socle figurait un roc battu par les flots, sur lequel se lisaient trois inscriptions : Pyramides, Wagram, Sainte-Hélène. Pour compléter le décor, on planta au pied de la statue un scion provenant de l'un des saules du tombeau de l'Empereur et envoyé directement de l'île africaine.

La Ville ayant acheté le jardin pour en faire un square public — on y voit aujourd'hui le monument de Berlioz — la statue et le saule de « Napoléon-Prométhée » disparurent... Ces intéressantes reliques méritaient bien un dernier adieu !

LA NOUVELLE FRANCE

Dans le discours qu'il vient de prononcer à la distribution des prix du Conservatoire, M. Georges Berger a annoncé, comme à peu près certain, le déplacement prochain de notre « Ecole nationale de déclamation, de musique et de chant ».

Bien que nul ne soit prophète en son pays, il est permis d'espérer que l'honorable M. Berger — qui est député de la circonscription — ne se sera pas trompé et que le Conservatoire quittera sous peu les bâtiments incommodes, insalubres et dangereux qu'il occupe, pour aller s'installer, comme il en est fortement question, dans les locaux de la caserne de la Nouvelle-France, de l'autre côté de la rue du faubourg Poissonnière.

Cette vieille caserne, que le ministre de la guerre paraît tout disposé à céder à son collègue des beaux-arts, tire son nom d'une « guinguette », rivale du Tivoli et des Porcherons, qui, au siècle dernier, faisait florès dans le quartier.

Une partie des bâtiments dont la démolition est prochaine était affectée au logement de la « compagnie colonnelle » des gardes françaises ; l'autre servait de dépôt aux voitures de deuil de la Cour.

La caserne de la Nouvelle France a abrité les débuts de deux hommes aux destinées retentissantes : Hoche et Bernadotte y ont successivement gagné leurs galons de sergent.

La chambre de Bernadotte sert aujourd'hui de cantine aux sous-officiers. On en fera peut être des « loges ».

LA CHAPELLE SAINTE-ANNE

Puisque nous sommes au faubourg Poissonnière, deux mots d'une voie nouvelle, à laquelle on a donné le nom d'Ambroise-Thomas, et qui vient d'être ouverte sur les terrains occupés naguère par le magasin des décors de l'Opéra, entre la rue Richer et le faubourg.

Sur cette dernière voie, la rue nouvelle débouche dans la cour d'un immeuble particulier qui occupe l'emplacement de l'ancienne chapelle Sainte-Anne, ainsi nommée en l'honneur de la reine Anne d'Autriche et érigée, en 1655, pour la commodité des habitants du quartier qui se trouvaient trop éloignés de l'abbaye de Montmartre dont ils relevaient.

En vertu d'une permission de l'Abbesse, datée du 19 mars 1655, Roland de Buci, confiseur, qui avait une maison en cet endroit, en fit don pour cet usage.

La Révolution fit fermer la chapelle Sainte-Anne qui fut vendue le 27 germinal an III.

Quant aux magasins de l'Opéra, on se rappelle qu'ils furent détruits par le feu, le 5 janvier 1894.

Un premier incendie les avait déjà dévorés, de fond en comble, dans la nuit du 26 juillet 1861 : cent trente-deux décors devinrent la proie des flammes et la perte atteignit près de deux millions.

Ce qu'il y a de curieux, c'est qu'à la suite de cet incendie, les journaux de l'époque préconisèrent à l'envi l'emploi, pour les décors, d'enduits ignifuges...

Déjà !

LES CARPES DE SAINT-GERMAIN-
L'AUXERROIS

L'antique paroisse des rois de France est en fort mauvais état.

A ceux qui seraient tentés d'aller sur place se rendre compte des dégâts survenus, nous recommandons un petit examen de la partie supérieure du chevet donnant sur la rue de l'Arbre-Sec ; ils y remarqueront de singuliers détails d'ornementation fort peu connus et qui méritent l'attention.

Il s'agit de trois ou quatre poissons — des carpes — coupés en morceaux, dont les tronçons sculptés courent en bordure, un peu au-dessous de la galerie qui couronne la chapelle : ici la tête, puis le corps, plus loin la queue ; entre chaque morceau, une rosace.

Quelle est l'origine de cette bizarre ornementation ? S'il faut en croire la *Revue française,* ce seraient là les armes parlantes d'un bourgeois vaniteux, du nom de *Tronçon*, marguillier de la paroisse, qui, ayant fait construire à ses frais la chapelle de l'abside, voulut que le souvenir de sa générosité restât imprimé dans la pierre.

Hé bien, mais vous voyez que cela n'était déjà pas si mal raisonné puisque nous en parlons encore !

———

LE FOR-L'ÉVÊQUE

L'Administration, toujours implacable en matière d'alignements, va faire disparaître une bonne partie de la rue des Prêtres-Saint-Germain-l'Auxerrois qui a vu naître, grandir et prospérer notre confrère le *Journal des Débats.*

Cette vieille rue avait au temps jadis, une triste notoriété qui lui venait de ce qu'elle menait directement au « For-l'Evêque » où s'exerçait la justice d'une cour prévôtale nommée par l'évêque de Paris. Les peines qu'on infligeait étaient, suivant la gravité des délits, subies dans des endroits différents. Les criminels qui devaient être brûlés vifs ou pendus étaient conduits hors barrières ; lorsqu'il ne s'agissait que de couper les oreilles, cette exécution avait lieu à la *Croix du Trahoir,* à deux pas de la prison.

En 1652, le For-l'Evêque changea de destination et fut désormais réservé aux prisonniers pour dettes et aux comédiens réfractaires ou indociles ; la célèbre tragédienne, Mademoiselle Clairon, y fut enfermée en 1765.

Quinze ans plus tard, le roi, sur les conseils de Necker, fit fermer le For-l'Evêque dont l'emplacement est aujourd'hui occupé par un grand magasin de confection.

Mais on n'y fait pas de chaussons de lisières !

UN VIEUX LOGIS ROYAL

La rue du Jour, qui ne s'appelle ainsi que par corruption, — car elle tire son nom du « séjour » royal que Charles V y fit édifier sur la lisière du Paris de Philippe-Auguste — vient de s'enrichir (?) d'une construction municipale nouvelle : un poste de pompiers tout « flambant » neuf — avec ou sans jeu de mots, à votre choix — sera inauguré incessamment.

La grande bâtisse officielle, malgré la blancheur étincelante de ses cubes de pierre amoncelés, ne nous consolera pas de la disparition du vieux logis royal, dont les pilastres, les fines colonnes, les chapiteaux gracieux étaient contemporains du palais de Saint-Paul et de l'hôtel de Sens...

La banale construction moderne n'a qu'un avantage : celui de jeter un peu de jour dans cette rue qui, malgré son appellation, en est presque totalement dépourvue.

LA RUE DES TROIS-VISAGES

Bien peu de gens la connaissent, bien qu'elle s'ouvre dans l'un des quartiers les plus centraux de Paris, entre la Seine et la rue de Rivoli, à deux pas du pont Neuf.

Elle avait tiré son nom de trois motifs sculptés qui représentaient des masques grimaçants et grotesques et ornaient la façade d'un bel hôtel où naquit, à la fin du seizième siècle, celui qui devait être le Père André Le Boullanger, Augustin réformé.

Ce prédicateur, fort goûté, paraît-il, par la Reine-Mère et par le prince de Condé, pratiquait un genre d'éloquence d'une exubérante originalité. C'est lui qui comparait les quatre docteurs de l'Eglise à des rois, à ceux du jeu de cartes : saint Augustin était le roi de cœur, à cause de sa charité ; saint Ambroise roi de trèfle, pour les fleurs de son éloquence ; saint Jérôme roi de pique, en raison de son style acéré; saint Grégoire enfin, en sa logique « terre-à-terre », était le roi de carreau !...

Le calembour était né !

La rue des Trois-Visages, fermée à l'une de ses extrémités, a disparu des nomenclatures officielles; elle sert aujourd'hui de dépôt aux balayeurs de la Ville. Mais son inscription, gravée en creux dans la pierre, se lit encore très nettement à l'angle de la rue des Bourdonnais.

La rue des Trois-Visages n'y fait pas très bonne figure...

L'ORDRE DE LA MERCI

En fouillant le sol de la rue Braque, au Marais, pour l'établissement d'un égout, on vient de découvrir les restes d'un vieux mur fort épais qui paraît avoir fait partie de l'enceinte de Philippe-Auguste dont une poterne servait de limite à la Ville en cet endroit.

Sur ces ruines, un gentilhomme du nom d'Arnould de Braque fit édifier une chapelle vouée à Notre-Dame-de-la-Merci ou de la Rédemption-des-Captifs, vieil ordre de chevalerie d'importation étrangère : il avait été institué à Barcelone dès l'année 1218.

C'était une confrérie de gentilshommes qui se consacraient exclusivement, corps et biens, au rachat des prisonniers de guerre. La règle de saint Augustin leur était imposée, sans que, toutefois, leur ordre de chevalerie s'effaçât sous la discipline monastique...

Dans le sol de Paris, c'est bien le cas de le dire, il y a des souvenirs à remuer... à la pelle.

PARIS CHASSEUR

*La Butte aux cailles. — Le champ de l'alouette. — Il
y a « remises » et remises. — Les plans de la Caille
et de la Grive.*

Nous sommes à l'époque de l'ouverture de la
chasse et à ce sujet on parlait ces jours-ci, dans la
presse, des bécassines que l'on pouvait tirer, il y a
cinquante ans, dans les « marais » de Pantin... Mais
où sont les bécassines d'antan ?

Sans doute, elles sont allées rejoindre les cailles et
les alouettes que nos pères s'amusaient à « lever »
aux environs du parc Montsouris, dans les « tirés »
de la Butte-aux-Cailles ou du Champ-de-l'Alouette
dont deux rues de notre Paris moderne ont conservé
les dénominations caractéristiques.

Il paraît même que, de nos jours, on peut encore
chasser dans l'enceinte même des murs de Paris.

Il existe, en effet, une immense et verdoyante prairie de trente-cinq mille mètres carrés, qui recouvre, à Montrouge, le réservoir des eaux de la Vanne, où chaque année, à pareille époque, quelques cailles dodues se donnent rendez-vous !

De nombreuses bandes d'alouettes s'abattent souvent sur le même terre-plein et réjouissent les habitants riverains de leurs matinales chansons...

Sans doute, cela ne vaut pas les « tirés » de Marly, mais enfin il y a là trois ou quatre hectares dont on pourrait faire, le repeuplement aidant, un terrain de chasse fort présentable.

La Ville, nous dit-on, serait sur le point d'essayer une petite mise en adjudication...

*
* *

Il n'en reste pas moins que Paris fut au temps jadis un admirable territoire de chasse ; de nombreuses « remises » royales — on en comptait dix-neuf — avaient été savamment aménagées pour le plus grand bien du gibier et surtout... pour le plus grand plaisir du Monarque.

Si nous nous reportons aux plans de l'abbé de la Caille et de Jean de la Grive nous voyons en effet que la *Remise des Huguenots* s'étendait dans le Haut

Roule aux alentours du square Messine actuel ; la *Remise des galipeaux* et celle de la *Gueule du Loup* ont été mangées par la tranchée des chemins de fer de ceinture, boulevard Péreire ; la remise du *Chasse-Midi* est remplacée de nos jours par les ateliers du chemin de fer de l'Ouest. La *remise de la Couronne*, c'est la place Wagram actuelle ; l'avenue « des Chasseurs » qui y aboutit en a gardé le souvenir.

Sur la rive gauche l'emplacement de la *remise des Invalides* est occupé, avenue de Ségur, par un dépôt de la compagnie des Petites voitures ; c'est toujours une « remise »... mais sa destination a quelque peu changé ! On y rencontrait encore la remise de la *Croix-Nivert*, une rue de Vaugirard en a conservé le nom ; celle du *Périchot* (actuellement gare aux locomotives de Montparnasse) et de la maison du *garde*, aujourd'hui Institut Pasteur. Enfin le rond-point du *garde-chasse* est aujourd'hui occupé par les ateliers de la compagnie d'Orléans.

Telles sont les quelques indications cynégétiques que nous fournissent les plans de *La Caille* et de *La Grive*, deux noms bien de circonstance, on en conviendra, en semblable matière...

LE PRÉSIDENT... ET Mme DE POMPADOUR

Notre actuel Président a vu se réaliser en sa faveur un beau rêve... Et voilà que les vœux longtemps caressés par ses prédécesseurs sous les lambris de l'Elysée sont en train de s'accomplir en sa faveur !

Sitôt que Mme de Pompadour eut acquis du comte d'Evreux, en 1753, le palais de l'Elysée, elle voulut satisfaire deux caprices : créer à l'extrémité de son parc un potager, et prolonger, par une belle perspective, jusqu'aux Invalides, la vue qu'elle avait de ses fenêtres.

Malgré les murmures du peuple contre un empiétement sur sa promenade préférée, la belle marquise eut son potager. On en voit encore de nos jours l'emplacement dans l'hémicycle qui s'avance, comme un promontoire de verdure, sur l'avenue Gabriel qu'il termine brusquement.

Elle eut également sa belle perspective : pour la créer on porta la cognée dans les futaies du Cours-la-Reine et on réserva, entre le quai et les Champs-Elysées, dans l'axe même du jardin de l'Elysée, un espace vide qui reçut le nom de « Carré-Marigny ».

La construction du palais de l'Industrie avait, par la suite, masqué aux hôtes de l'Elysée la vue rêvée par Mme de Pompadour.

Aujourd'hui, ce malencontreux « écran » a disparu avec la dernière carcasse du palais dont nous avons narré l'agonie, et, de son balcon, M. le Président peut à son tour, contempler le dôme doré des Invalides.

C'est, un sujet de méditations qui en vaut un autre... surtout qnand on est dans la politique !

FACHEUSE VUE DE DOS

La *Librairie nouvelle* a quitté la rotonde qu'elle occupait depuis tantôt cinquante ans à l'angle du boulevard et de la rue de Grammont, pour aller s'adosser à l'Opéra-Comique, dans ce malencontreux immeuble que l'indifférence de nos pères laissa s'élever entre les rues Marivaux et Favart, privant ainsi le théâtre de la façade qu'il aurait dû avoir normalement en bordure du boulevard et dont il a été si souvent question.

En 1782, en effet, lors de la construction de l'Opéra-Comique, on était maître de tout le terrain, et l'architecte Heurtier, homme de bon sens et de goût, voulait bâtir la nouvelle salle en reculé avec un vaste dégagement entre le boulevard et la façade. Hélas ! force lui fut de céder devant l'opposition combinée des artistes qui, étant *Comédiens du Roi*, ne voulaient pas être confondus avec les *comédiens du boulevard* et de l'administration de l'époque qui fit observer que tous les beaux hôtels du quartier s'ouvraient sur les rues parallèles au boulevard, réservant pour ce dernier — « promenade solitaire et peu éclairée le soir » — leurs terrasses ayant vue *sur la campagne!*

Heurtier s'inclina et faute de millions supplémentaires, son habile successeur M. Bernier a dû faire de même.

Et voilà pourquoi l'Opéra-Comique continuera derrière l'immeuble de M. le comte Le Marois, de tourner le dos au boulevard... qui ne lui rendra pas la pareille !

MONUMENT EN « BALLADE »

On a beaucoup parlé du déplacement de l'école de la rue de Patay à laquelle on a fait traverser la chaussée sans encombres au moyen de solides rouleaux.

Pourquoi ne pas rappeler, à ce sujet, une opération analogue effectuée, il y a une quarantaine d'années, par le même procédé, pour la colonne du Châtelet, que l'on dut reculer afin de la mettre dans l'alignement du nouveau boulevard Sébastopol ?

Le 21 avril 1858, le monument, soigneusement entouré de charpentes et de cercles de fer, fut, à l'aide de cabestans, soulevé de sa base, placé sur des rails et transporté quelques mètres plus loin pour être posé sur son nouveau soubassement, comme un flambeau sur une table.

En vingt minutes, l'opération était terminée ; elle réussit à souhait, et celui qui l'avait entreprise, un charpentier du nom de Bellu, fut, pour sa peine, décoré de la Légion d'honneur.

On aurait peut-être pu lui donner la médaille militaire pour avoir si bien mis une colonne en marche...

UNE RUE... PEU PARISIENNE

— Cocher :... rue de Buenos-Ayres !

Interpellé de la sorte par le client qu'il allait « charger », un brave automédon écarquillait l'autre jour, des yeux ahuris. Un gardien de la paix venu à la rescousse n'en savait pas davantage, la *Liste exacte et complète de toutes les rues de Paris*, soigneusement consultée, étant muette à ce sujet...

Et, de fait, il faut posséder son Paris sur le bout des doigts pour connaître cette rue exotique qui, veuve de toute construction, se compose tout bonnement de deux palissades sur lesquelles s'étalent pompeusement les plaques municipales, et commence avenue de Suffren pour se perdre dans les jardins de la tour Eiffel...

La rue de Buenos-Ayres attend pour faire son entrée officielle dans le monde, que l'heure de l'inauguration de l'Exposition ait sonné... Ce sera pour elle l'heure de la revanche !

Il y a de ces rues qui, comme le journalisme, mènent à tout... à condition d'en sortir !

LE CARILLON DES FILLES SAINT-THOMAS

Les frivolités de *Paméla* ramènent l'attention sur cette futile époque du Directoire qui vit surgir, comme par enchantement, sur tous les points de la capitale, les bals en plein air où il était de bon ton de se montrer.

L'un des plus courus était celui de la *Modestie*, ainsi nommé par antiphrase sans doute, qui s'était installé dans les jardins du ci-devant couvent des Filles-Saint-Thomas dont, seule, une rue minuscule du Paris moderne a conservé le souvenir.

Ces Dames, qui d'ailleurs avaient toutes les vertus, ont fort peu fait parler d'elles et la chronique ne les connaît guère que par la collection de cloches, à nulle autre pareille, qu'elles possédaient et dont elles usaient avec prodigalité : elles sonnaient, paraît-il, de vingt-cinq à vingt-huit fois les jours ouvrables ; de vingt-huit à trente fois les dimanches et fêtes !...

Certains voisins s'en trouvèrent incommodés, et

l'un d'eux, M. de La Place, que la goutte clouait au lit se vengea des insomnies auxquelles le condamnait le carillon, en décochant à l'adresse des bonnes religieuses une épître qui, sous le titre : *Le supplice des cloches*, défraya fort la chronique du temps !

Le couvent des Filles-Saint-Thomas fut fermé en 1793 ; l'église subsista jusqu'à 1802 : c'est elle qui reçut le corps de la danseuse Chameroy, à qui les portes de Saint-Roch avaient été fermées.

———————

LE CHAMP DU PRESSOIR

En fouillant le sol pour élever une construction en bordure de la nouvelle rue Réaumur, on vient de découvrir quelques ossements humains qui rappellent que là s'étendait jadis le champ du Pressoir.

C'était, au seizième siècle, le centre d'un vignoble appartenant aux Sœurs de Sainte-Catherine, dites « Catherinettes » qui y transformaient en vin le produit des treilles abondantes qu'elles possédaient tout à l'entour...

Adieu paniers, vendanges sont faites !

En 1688, les Catherinettes furent chargées, par ordonnance royale, du soin d'ensevelir dans leur champ les cadavres non reconnus à la Morgue du Châtelet, et force fut aux pauvres sœurs de faire le sacrifice de leur cher vignoble.

Plus tard, l'emplacement fut occupé par le dépôt royal des glaces ; aujourd'hui, ce sont les enfants de la « laïque » qui prennent leurs ébats sur ce terrain aux destinations multiples...

Une vraie lanterne magique, quoi !

AMPUTATION MUNICIPALE

L'édilité parisienne vient de raccourcir de moitié le nom de la rue des Ecuries-d'Artois qui ne s'appelle plus maintenant que rue d'Artois, tout court.

Cette voie, de création relativement récente, avait été ouverte sur une portion des jardins du Colisée, derniers vestiges, eux-mêmes, de l'ancienne pépinière royale. Elle devait son nom au voisinage immédiat des écuries que Monsieur, frère du Roi, avait fait édifier au faubourg du Roule et dont l'emplacement est aujourd'hui occupé par les hôtels Talhouët, Martin du Nord et Schneider.

La nouvelle rue d'Artois coupe à angle droit l'élégante rue de Berry, au coin de la rue de Penthièvre, et ce coin de « plan de Paris » vous a un petit parfum « Restauration » qui n'est pas sans charme...

LE PUITS ARTÉSIEN DU XIIIᵉ

Dans le quartier perdu de la Maison-Blanche, au versant de la Butte-aux-Cailles, se profile, lamentable, piteux, le squelette d'une grosse cheminée en bois, noire et vermoulue, assez semblable à celles qui coupent si tristement l'horizon dans les pays miniers du Nord.

C'est le hangar, vieux de trente-cinq ans, qui recouvre la maçonnerie d'un puits artésien dont le forage a été entrepris en 1862, mais qui, depuis lors, est resté presque constamment abandonné.

Les travaux ont repris récemment et la sonde vient d'atteindre, à la profondeur de 547 mètres, la couche si désirée des sables verts ; l'eau a commencé dès lors à monter et elle n'est plus qu'à huit mètres du sol.

Tout fait espérer que, d'ici trente-cinq ans, nous serons conviés à l'inauguration du puits de la Maison-Blanche !

UNE STATUE EN EXIL

A l'extrémité de la pièce d'eau des Suisses, à Versailles, tout contre le talus du chemin de fer, s'élève, entre deux arbres, une statue équestre qui semble s'ennuyer beaucoup de l'isolement auquel elle est condamnée.

Quel est ce cavalier, dont le voyageur qu'emporte le « rapide » de Bretagne peut entrevoir la silhouette, au sortir du tunnel de Satory ?

C'est, paraît-il, le patricien romain Curtius, l'homme au dévouement héroïque, qui se jeta dans le gouffre pour sauver sa patrie.

> On ne s'attendait guère
> A voir Curtius en cette affaire !

Il y a, au sujet de cette statue, une anecdote amusante et assez peu connue. Primitivement, elle devait figurer le Grand Roi et fut envoyée directement de Rome par le sculpteur Bernini ; lorsqu'elle arriva à Versailles, Louis XIV en fut si mécontent qu'il voulut la faire briser. C'est à grand'peine que l'on calma la colére royale ; Girardon fut mandé au palais, il retoucha la statue et... et en fit un Curtius...

Mais l'infortunée demeura en disgrâce : on la relégua tout au fond du parc.

Elle y est toujours !

SUR UNE LANTERNE

En revenant de Versailles, arrêtons-nous un instant à Saint-Cloud.

A l'extrémité de la belle terrasse qui domine le pavillon de Breteuil, on peut voir encore, à demi cachées sous des herbes folles, quelques pierres vermoulues et rongées par la mousse... C'est tout ce qui reste de l'ancienne « Lanterne de Démosthène », qui ne devait pas résister longtemps aux obus de l'Année terrible, mais que se rappellent bien tous ceux qui, d'enfants qu'ils étaient alors, sont devenus grands aujourd'hui.

Elle était la reproduction, dans les proportions exactes de l'original, d'un petit édifice en marbre élevé jadis à Athènes et qui figura à l'exposition des produits de l'industrie, en 1800, au Louvre.

Offerte par le ministre de l'intérieur Chaptal au Premier Consul, la « Lanterne de Démosthène » figurait un phare qui, aux beaux jours de l'Empire, s'illuminait parfois le soir pour annoncer aux Parisiens la présence du chef de l'Etat à Saint-Cloud.

La « Lanterne de Démosthène » va-t-elle renaître de ses cendres et croiser ses rayons impériaux avec les feux républicains de la tour Eiffel ?

LA « PALÉOGRAPHIE »
ET LA « DIPLOMATIQUE » EN VOYAGE

Ces deux sœurs, aux noms rébarbatifs, sont bien forcées de suivre l'Ecole des chartes qui va sous peu s'installer dans l'une des ailes de la nouvelle Sorbonne, spécialement aménagée pour elle.

Nos archivistes paléographes vont donc, au rebours des bouquinistes, passer de la rive droite sur la rive gauche.

Depuis une cinquantaine d'années, en effet, ils avaient pris demeure à deux pas du palais des Archives, sous les lambris dorés du bel hôtel d'Assy, rue des Francs-Bourgeois, au cœur du silencieux Marais.

Ils y avaient été précédés par Amelot, conseiller du Roi ; le président Chavaudon et M. de Miromesnil.

L'ancienne Ecole des chartes, on le voit, ne manquait pas... de papiers.

Et cela n'a rien que de très naturel.

SOUS LA PORTE SAINT-MARTIN

Dans les travaux de reprise en sous-œuvre du théâtre de la Porte-Saint-Martin, on vient de découvrir que ce coin de Paris avait servi, au temps jadis, de décharge publique.

Pour arriver aux fonds solides, d'immenses puits ont dû être creusés à travers des terres de remblai dans lesquelles on a rencontré une quantité énorme de cornes de bœufs accumulées, par endroits, en couches de près de deux mètres d'épaisseur.

Il y avait donc là un dépotoir, une *voirie*, comme disaient nos pères.

C'est peut-être pour cela qu'on a donné à une rue adjacente le nom de *rue de Bondy*, ce vocable étant déjà fameux dans les fastes de Paris, en matière d'odeurs suaves... principalement par les beaux soirs d'été, quand le vent parfumé des romances fait du réalisme et qu'il souffle du Nord-Est !

PARIS EMBELLI PAR UN DENTISTE...

Le célèbre docteur Evans, qui vient de mourir, aimait passionnément notre beau Paris moderne, et c'est à lui que revient l'honneur, d'avoir deviné la future avenue du Bois-de-Boulogne. Cavalier émérite, il avait coutume, chaque dimanche, de faire un *riding* à travers les champs de choux et de pommes de terre qui s'étendaient sur l'emplacement de l'avenue actuelle.

Dans ses intéressants souvenirs sur Manet, publiés par la *Revue blanche*, M. Antonin Proust conte qu'un jour le docteur Evans dit à l'Empereur :

« Sire, il faudrait créer là une avenue comme il n'en existe pas à Paris, avec une large chaussée pour les voitures, une allée pour les cavaliers, une allée pour les piétons, puis de vastes pelouses plantées éloignant les constructions. »

Prenant une règle et une feuille de papier, il traça l'avenue qu'il projetait et qu'il baptisa du nom de l'Impératrice. Ce projet sourit beaucoup à l'Empereur ; le baron Haussmann et M. Alphand en furent enthousiasmés.

La création de l'avenue fut décidée, et le docteur Evans, qui en fut l'un des premiers habitants, lui est resté fidèle jusqu'à la mort.

C'était la première fois qu'un médecin créait une artère...

UN NOUVEAU SQUARE

L'ancien couvent des « Récollets », au faubourg Saint-Martin, est menacé de mort prochaine.

Les conseillers municipaux du quartier viennent de proposer sa désaffectation et la transformation en square des immenses jardins qui l'entourent et qui s'étendent de la gare de l'Est au canal de l'Ourcq.

C'est en 1603 que quelques « Récollets », venus de Montargis et de Nevers, s'installèrent à Paris en vertu d'une donation à eux faite par Jacques Cottard, marchand tapissier, et Anne Gosselin, sa femme, de « maison, cour et jardin à eux appartenant. »

Sur cet emplacement, auquel Henri IV ajouta une grande pièce contiguë, fut bâtie l'église que l'on voit encore aujourd'hui. Marie de Médicis en posa la première pierre le 30 août 1614.

Fait peu connu : pendant de longues années, le couvent des Récollets fut une véritable pépinière d'aumôniers de la marine.

Le couvent ayant été fermé, on y établit un hospice d'incurables.

C'est aujourd'hui un hôpital militaire que l'on projette de transporter *extra muros*.

CONDAMNÉ AU BEAU FIXE A PERPÉTUITÉ

Les agriculteurs et les maraîchers, dont le quartier général, on le sait, est à la *Pointe Saint-Eustache*, sont fort mécontents.

Il paraît que depuis plusieurs mois, l'aiguille du baromètre monumental qui orne le chevet de la vieille église parisienne est invariablement collée au « beau-fixe ».

Cette persistance dont les cyclones n'ont pas raison est évidemment exagérée, et MM. les maraîchers qui ont besoin, plus que tous autres, d'être exactement renseignés sur les variations atmosphériques, estiment, non sans raison, que cet instrument de précision devrait précisément être mis en état d'être précis...

Aussi adressent-ils un chaleureux appel à leurs confrères, les opticiens de la Ville.

Songez que les maraîchers n'ont même pas la traditionnelle ressource de « tapoter » sur le cadran pour faire bouger l'aiguille.

Il est trop haut placé... Qu'on le descende, si on ne peut arriver à le remettre à la raison !

L'ANCIEN HOTEL D'UN « ROI EN EXIL »

Les « vieux » hôtels — les plus âgés n'ont guère plus de trente-cinq ans d'existence — qui furent l'honneur et la joie de l'avenue Montaigne naissante, disparaissent l'un après l'autre. Après la villa Pompéienne, les hôtels de Lesseps et de Quinsonas, ce sera bientôt le tour du bel hôtel de Lillers qui, précédé d'une cour plantée fermée par une grille monumentale, avait très grand air.

L'infortuné roi Georges V, chassé de ses Etats par le traité de Prague et qui mourut à Paris le 14 juin 1878, y résida longtemps auprès de sa fille, cette princesse exemplaire Frédérique qui mérite d'être surnommée l'« Antigone moderne ».

On sait qu'atteint de cécité dès l'âge de quinze ans, le roi Georges ne put régner sur le Hanovre qu'en vertu d'une ordonnance portant que tous les actes présentés à sa signature seraient lus en présence de dix témoins et contresignés par l'un d'eux.

Tout contre l'hôtel de Lillers, on peut encore voir l'entrée du passage des Douze-Maisons, aujourd'hui fermé par les banales constructions du quartier Marbeuf et où, jadis, à l'ombre de vieux acacias rabougris, s'élevaient quelques cottages sans prétention.

Alphonse Daudet habita l'un d'eux au temps des jeunes années... Etait-ce par sympathie pour les futurs « Rois en exil » ?

LA PORTE SAINT-HONORÉ

Le dernier souvenir qui en rappelait l'existence, à l'angle de la rue Royale et du faubourg Saint-Honoré, vient de disparaître.

C'était la reproduction, en bois sculpté, sur l'enseigne dorée d'un débit de vins établi là de temps immémorial, de l'ancienne porte qui, de ce côté, s'ouvrait dans l'enceinte fortifiée du vieux Paris et qui fut démolie vers 1733.

Percée en 1757, la Rue Royale mit beaucoup de temps à se garnir des beaux hôtels qui font encore, à l'heure qu'il est, notre admiration, et dont le plan uniforme, ouvrage de Gabriel, avait imposé l'idendité de façade.

Un spéculateur heureux, doublé d'un architecte habile, André Aubert, se fit concéder, en bordure de la voie nouvelle, par les bureaux de la Ville, 1,304 toises de terrain qu'il revendit en six lots.

Des affiches, placardées à cette époque dans Paris,

annonçaient que ces terrains étaient à tout jamais
« exemptés des droits seigneuriaux et autres ».

Pour se lancer dans cette opération, Aubert avait
reçu la caution d'un trésorier de la police, Rouillé
de l'Estang.

La maison qui nous occupe était l'un des six lots
en question, qui furent tous, pour André Aubert,
des... gros lots !

L'*ABONDANCE* AU RANCART

Une anecdote peu connue au sujet du marché Saint-Germain, qui va être démoli.

Peu de temps après la construction de ce marché trouvé trop vieux aujourd'hui — il date du commencement du siècle — fut placée dans la cour centrale une statue monumentale représentant l'*Abondance*, œuvre d'un sculpteur bien oublié, quoique non dépourvu de talent, François Milhomme, mort dans la misère en 1823.

Cette statue figurait une femme assise, dont les formes majestueuses apparaissaient sous un vêtement léger, et qui tenait à la main une corne d'où s'échappaient des fruits de toutes sortes... Joli sujet pour un marché !

Erigée en 1816, l'*Abondance* disparut vers la fin du règne de Louis-Philippe. Qu'a-t-elle bien pu devenir ?

Si nous pouvions la rencontrer, l'Abondance !

II.

IDYLLE TRAGIQUE

Très d'actualité le théâtre du Châtelet, en ce moment. Profitons-en pour rappeler, à son sujet, une petite idylle tragique... et municipale.

Il y a de cela quelques années, il arriva à la *Comédie lyrique,* l'une des quatre statues qui ornaient la balustrade du foyer-terrasse du Châtelet, une aventure fâcheuse. Un jour, on trouva à terre le bras gauche de cette statue.

La gelée était-elle cause de ce déplorable accident, ou bien la double amputation de la Vénus de Milo, empêchait-elle la *Comédie lyrique* de dormir ? on ne le sut jamais au juste.

Toujours est-il que, si la question ne fut pas tranchée, la statue le fut, et tout de suite encore. On la coupa au pied, et ses trois compagnes, la *Tragédie,* la *Danse* et la *Musique,* qui elles aussi, menaçaient de s'effondrer sur le public, prirent avec elles le chemin de l'exil, c'est-à-dire celui du magasin de la Ville à Auteuil.

L'une d'elles pourtant, la *Tragédie*, ayant été après examen reconnue « bonne pour le service » vient d'être rendue à la lumière et à la liberté, et on l'a réédifiée... aux abattoirs de Villejuif !

Idée bizarre, direz-vous ; pas tant que cela. La *Tragédie* sert là-bas de motif principal à une fontaine où, avant de tomber entre les mains des « tueurs » et de passer tragiquement de vie à trépas, viennent s'abreuver veaux et moutons...

La statue de la *Tragédie* est encore là chez elle !

LA MARCHE VERS L'OUEST

On sait que, mues par une sorte de puissance mystérieuse, la plupart des grandes villes du monde se déplacent vers l'Occident.

Pour Paris, le fait est palpable. En veut-on une nouvelle preuve ?

A peine descendues de leurs anciennes assises, après avoir résisté aux injures de la flamme et du temps, les pierres de l'infortuné palais du quai d'Orsay s'en vont une par une, à grands renforts de camions, vers les hauteurs de Passy.

Grâce à cette bonne aubaine, d'immenses immeubles montent à vue d'œil en bordure du boulevard Flandrin.

... Déjà il y a cent ans, les pierres de la Bastille s'étaient transportées au pont dit de la Concorde.

Le mouvement vers l'Ouest s'accentue !

LE MOULIN FLEURI

Tout un petit coin de Paris est en émoi. L'ancien hôtel « canonical » et le joli petit square qui l'environnait, à la pointe orientale de l'île de la Cité, ont été jetés bas pour faire place à une banale maison de rapport.

En fouillant le sol, on n'a pas tardé à rencontrer une nappe d'eau produite par les infiltrations de la Seine et il a fallu établir là des « pilotis » au moyen d'un « mouton » à vapeur dont les mouvements par trop saccadés ne sont pas, dit-on, sans danger pour le joyau de la couronne parisienne : nous avons nommé Notre-Dame.

A chaque coup, paraît-il, il se produit dans l'église d'inquiétantes trépidations.

Moins heureuse que la cathédrale de Noyon, qui a conservé intacte sa ceinture de maisons canonicales, celle de Paris n'en avait plus que deux ou trois :

c'est l'une d'elles, la dernière de « l'encloistre », qui vient de disparaître.

Elle avait, durant de longues années, servi de dépôt à une entreprise de graineterie dont la façade portait cette jolie inscription : « Au moulin fleuri », tandis que, par derrière, ses jardins dévalaient vers le quai aux Fleurs...

« Trop de fleurs », ont sans doute pensé nos conseillers municipaux.

VIEUX PARIS, JEUNE PROVINCE

Les idées de décentralisation font décidément leur chemin, et la Compagnie des Omnibus paraît donner l'exemple : il suffit d'aller à Tours pour s'en convaincre. Le Parisien égaré dans la patrie de Balzac pourra en effet, y rencontrer de vieilles connaissances : quelques spécimens de ces antiques omnibus parisiens à 26 places, tout compris — 14 à l'intérieur sans plate-forme et 12 « en l'air » avec leur *impériale* qu'on ne pouvait escalader qu'avec la force du poignet, au moyen d'une rampe verticale. Cela datait de l'époque où le féminisme n'avait pas encore réalisé l'une de ses plus précieuses conquêtes : celle de l'accès des impériales !

Sur l'un de ces véhicules démodés, il nous a été possible de déchiffrer les inscriptions, à peine recouvertes d'un badigeon superficiel, de l'ancienne ligne S, « Louvre-Bercy », retirée depuis longtemps de la circulation de Paris !

On ne sait pas où vont la feuille de laurier et la feuille de rose : on sait où vont les vieux omnibus.

LE SOSIE DE BALZAC

Puisque nous venons de parler de Tours, une petite anecdote peu connue.

Lorsque le soin d'immortaliser les traits de Balzac fut confié au sculpteur Rodin, celui-ci se pénétra bien certainement du portrait qu'en avait tracé Lamartine dans l'un de ses *Entretiens* : « Grosse tête, cheveux épars comme une crinière, lèvres épaisses, œil doux mais de flamme...»

Mais cela ne lui suffit pas. Pour s'imprégner de l'air ambiant, Rodin se rendit à Tours où il savait devoir rencontrer le sosie, en chair et en os, de son héros en la personne d'un simple conducteur d'omnibus qui, entre deux voyages, se laissa consciencieusement *interviewer* par le maître sculpteur !

Depuis, le brave homme est retourné modestement à son omnibus et à ses « correspondances » sans se douter qu'il aura — peut-être un jour — sa statue quelque part !

SUR DES POINTES D'AIGUILLES

Au cours des dernières vacances parlementaires la questure de la Chambre, on le sait, a fait procéder à la toilette de la salle des séances.

Parmi les détails d'appropriation qui ont été effectués signalons-en un que seul ont remarqué les « chercheurs de petites bêtes », habitués du Palais-Bourbon. Il s'agit des deux horloges placées à droite et à gauche de la « grande tribune nationale » et dont le rôle est de rappeler à MM. les députés que le temps est de l'argent...

Aux aiguilles dorées qui les ornaient jadis on a substitué des aiguilles toutes blanches dont la « robe » immaculée se détache bien en clair sur le fond obscur de leurs cadrans de marbre rouge. Nos honorables seront désormais sans excuse s'il leur arrive de perdre leur temps.

C'est fort bien, mais quelle jolie occasion on a perdu de remplacer l'une, au moins, des horloges par... une boussole !

———

UN NOM QUI A CESSÉ DE PLAIRE

L'anarchiste Etiévant était, on se le rappelle, aux heures rouges de la « propagande par le fait », un habitué de la crémerie de la rue Joquelet où il se rencontrait souvent avec le sinistre Emile Henry.

La crémerie a disparu ; depuis l'achèvement de la rue Réaumur, la rue Joquelet a fait de même, ou peu s'en faut : il n'en reste aujourd'hui qu'un tout petit tronçon dont on chercherait désormais en vain le nom dans les nomenclatures officielles.

Depuis quelques jours en effet, le nom de Léon Cladel a remplacé, sur les plaques municipales, celui de Joquelet.

Le paisible bourgeois qui était, au dix-septième siècle, propriétaire d'une partie de la rue baptisée de son nom, a cédé le pas devant l'auteur des *Va-nu-pieds* et des *Martyres ridicules*, l'ami et le confident de Baudelaire.

Et du haut de sa demeure dernière, Joquelet doit pleurer sur l'ingratitude humaine qui court les rues et les débaptise !

QUATRE PARTOUT

Ceci n'est pas, comme on pourrait le croire à première vue, l'annonce d'un joli coup de dominos, mais l'épigraphe qui semblerait convenir à une minuscule maison du faubourg Saint-Honoré présentement à vendre ou à louer.

Quatre mètres de façade, *quatre* étages, *quatre* fenêtres, le tout au numéro 4 dudit faubourg : tel est le signalement de cet « Immeuble », digne du pays des Myrmidons, dont l'Assistance publique — avantageusement connue, dans le jargon municipal, sous les initiales *A. P.* — cherche à se défaire après avoir donné congé à ses *quatre* locataires, dont le plus ancien était le *Caveau des Champs Elysées* établi, depuis 1840, à son rez-de-chaussée.

EN FLANANT

Ceci est une façon de parler, car la rue de Richelieu n'est pas positivement la voie rêvée pour la flânerie et le monsieur qui s'y promènerait « en regardant en l'air » comme dans les *Cloches de Corneville* risquerait d'être éborgné, déchiré, fortement bousculé tout au moins.

Cependant même en « courant vite », comme dit l'autre, on a lieu d'être intrigué à la vue d'une façade noire et lépreuse, trouée de quelques fenêtres soigneusement grillagées qui lui donnent l'apparence d'une prison, et brusquement terminée par un pan coupé où l'on voit encore la naissance d'une arcade, à l'angle de la rue Colbert. C'est un vieux reste des dépendances de l'Hôtel Mazarin, « provisoirement » affecté à l'agence des travaux de la Bibliothèque nationale. Je signerais bien pour durer autant que ce provisoire-là !

Fait peu connu : c'est sous cette arcade, dont le

cintre à l'époque était complet, que le brave limonadier Paulmier arrêta Louvel qui venait d'assassiner,
au sortir de l'Opéra, situé juste en face à l'emplacement du square Louvois actuel, l'infortuné duc de
Berry, le 13 février 1820.

L'IMPITOYABLE AVENUE

On vient de jeter bas, pour le percement de l'avenue qui doit mettre le dôme doré des Invalides dans la perspective du balcon où s'accouda naguère M. Jules Grévy, l'un des petits édicules que la Ville fit jadis édifier, pour en tirer des revenus, en bordure des Champs-Elysées : le « Pavillon de l'Elysée ».

Bientôt, dit-on, ce sera le tour de la fontaine de bronze qui l'avoisinait ; c'était, d'ailleurs, la moins artistique de toutes celles dont l'architecte Visconti avait orné notre grande promenade. Elle s'élevait à l'ombre d'un vieux saule pleureur, bien connu des habitués du carré Marigny, et qui peut déjà pleurer sur lui-même !

L'histoire du « Pavillon de l'Elysée » tient en quelques lignes : le 12 janvier 1870, lors de l'échauffourée causée par les funérailles de Victor Noir, il servit de refuge à un certain nombre de manifestants dispersés par la troupe.

Dans ces dernières années, c'était le rendez-vous des clients importants de la « Bourse aux timbres » qui, lorsqu'ils étaient chassés par les intempéries de leur quartier général en plein air de l'avenue Gabriel, venaient terminer, à l'abri, entre deux bocks, leurs savantes transactions.

Mais les timbres sont faits pour être... mouillés.

GRANDEUR ET DÉCADENCE D'UNE FRÉGATE

A propos du ponton des célèbres bains Vigier, dont on annonce la fin prochaine, un mot de l'un de ses anciens voisins, aujourd'hui disparu, qui lui servait de pendant sur l'autre rive de la Seine, en aval du pont Royal : nous voulons parler de la *Frégate*, qui, elle aussi, aurait mérité de s'appeler l'*Incomprise*.

Construite en 1851, dans le but primitif de servir d'école de mousses, la *Frégate* avait été amarrée à Courbevoie, près de l'île de la Grande-Jatte ; en 1852, elle fut *touée* jusqu'au pont d'Iéna, à l'occasion des fêtes du 15 août, et on y représenta un combat naval avec bordées, abordages et tout ce qui s'ensuit.

Plus tard, on l'amena tout contre le Cours-la-Reine, à deux pas du palais de l'Industrie, et elle fut l'un des « clous » de l'Exposition de 1855.

Convertie en établissement de bains, elle dressa fièrement, pendant vingt ans, ses mâts et ses vergues en face des Tuileries.

Puis la débâcle arriva : la *Frégate* fut vendue, lotie et dépecée.

Il y a plus de vingt ans de cela, et pourtant la « Frégate » fait toujours de la réclame : témoin, la superbe enseigne coloriée que l'on peut encore voir sur le pignon d'une maison de la rue des Déchargeurs, à deux pas de la rue de Rivoli.

Voilà une réclame qui retarde un peu.

Elle n'est plus... dans le bateau !

AUX GRANDS HOMMES LA PATRIE INGRATE

Grâce à l'intervention de la Société des amis de Paris, la vieille église de Saint-Julien-le-Pauvre va être l'objet d'importants travaux de restauration.

Les curieux, trop rares, qui dirigent leurs pas vers cet antique sanctuaire — c'était déjà une « basilique » au temps de Grégoire de Tours — ne sont pas peu surpris d'y voir la statue monumentale de M. de Montyon, qui semble d'ailleurs y être fort dépaysée, et d'aucuns se demandent à quelles circonstances fortuites ils doivent cette rencontre inattendue.

Le fait est, effectivement, peu connu. Jadis la statue de Montyon, l'un des chefs-d'œuvre de Bosio, ornait le péristyle aux colonnes doriques de l'ancien Hôtel-Dieu ; elle avait été placée au-dessus du tombeau de l'illustre philanthrope et servait de pendant à la statue de saint Vincent de Paul.

Lorsque les bâtiments vermoulus du vieil hôpital parisien furent démolis, la statue de Montyon, plus

heureuse que sa voisine, échappa à la destruction et
fut condamnée à la relégation provisoire dans l'église
de Saint-Julien-le-Pauvre, qui avait servi de chapelle
à l'Hôtel-Dieu et était enclavée dans ses dépendances.

Ceci se passait il y a trente et quelques années...,
et la condamnation a bien l'air d'être à perpétuité !

ENCEINTE CONTINUE OU FORTS DÉTACHÉS

Cela ressemble un peu à l'immortelle querelle « riz ou pruneaux » de *Tartarin*... Il s'agit, on le devine, des fortifications de Paris, dont le Sénat, après la Chambre, a voté la mort.

L'enceinte continue, victorieuse en 1841, grâce à M. Thiers et contrairement à l'avis du maréchal Soult, va donc, à peine vieille d'un demi-siècle, céder le pas devant les forts détachés qui triomphent à leur tour!

Du haut de sa dernière demeure, Soult doit être content... Seulement, si l'on revient à son idée, on ne revient pas précisément, et pour cause, aux emplacements qu'il avait choisis pour y construire ses forts. Voici quels ils étaient.

Pour la « redoute d'Auteuil », on avait adopté le plateau qu'occupe aujourd'hui la villa Montmorency chère aux Goncourt; pour la « redoute de Passy », le Trocadéro; pour le « fort des Thermes » (*sic*), la place Wagram actuelle; pour le « fort Philippe », le versant ouest de la Butte-sacrée. Les ateliers des Compagnies du Nord et de l'Est remplacent les forts de « Chartres » et d' « Orléans » projetés.

La redoute « Saint-Chaumont » et le fort des « Bruyères » se seraient élevés là où nous voyons le parc des Buttes-Chaumont et le réservoir des eaux de la Marne.

Sur la rive gauche, les terrains des trois forts projetés de « Javelle » (*sic*), de l' « Observatoire » et d' « Italie » sont respectivement occupés par le raccordement de la ligne des Moulineaux, le parc Montsouris et la nouvelle église de la Maison-Blanche...

Voilà qui, plus que le *mur murant Paris*, eût rendu murmurants les Parisiens de notre fin de siècle !

UNE VIEILLE RUE QUI MEURT

La sombre rue des Ciseaux, qui tire son nom d'une enseigne d'auberge, sa principale parure au temps jadis, et où l'on ne rencontre aucun coiffeur..., vient enfin de recevoir un peu d'air et de lumière : on est en train d'y éventrer une vieille construction, dernier vestige d'un hôtel qui, deux siècles durant, appartint au collège des Ecossais.

Cédé en 1662 à ce collège par sentence des Requêtes-du-Palais, cet immeuble resta dans les mêmes mains jusqu'en 1847.

A cette dernière date, une ordonnance royale intervint pour autoriser l'administrateur temporaire des « Fondations catholiques, anglaises et écossaises en France » à aliéner cet antique logis qui, on le voit, a longtemps détenu le record de la fidélité et de la persévérance dans notre Paris à l'humeur si changeante, aux mutations et aux transformations si variées !

La « Cunette » de Grenelle

AUTOUR DE LA CUNETTE

La ville s'occupe en ce moment de « redresser » — à défaut de ses tarifs d'octrois et de nos cotes d'impôts — la rue Violet, à son débouché sur la place Dupleix au lointain quartier de Grenelle.

C'est là que s'élevait jadis la barrière de la *Cunette*, c'est-à-dire du petit canal qui, creusé sous Louis XIII, mettait la rivière de Seine en communication avec les fossés des fortifications et servait pour la décharge des péniches venues par le fleuve.

A la place des vieux pans de murs d'usines, noirs et lugubres, qui vont être jetés bas, on aménagera un joli square pour servir de perspective au quartier Dupleix, qu'habitent les « gros frères » d'un beau régiment de cuirassiers et qui a remplacé l'ancienne poudrière créée par Chaptal, laquelle sauta le 31 août 1794, faisant un nombre incalculable de victimes et dont l'explosion ébranla tout Paris.

Il serait question d'orner le nouveau square de la statue monumentale de Desaix — un fort intéressant morceau de sculpture — qui décorait jadis la place Dauphine et dont nous avons déjà dit un mot.

Le héros de Marengo serait là en bonne place...

UN NOUVEAU THÉATRE

Il aura pour vocable: l'*Alhambra* et sera édifié à deux pas du boulevard Malesherbes.

Si ce projet se réalise, nous aurons à déplorer la perte de l'un des plus beaux immeubles de l'ancienne rue des *Morfondus*, de nos jours rue d'Anjou : nous voulons parler de l'hôtel que le président Talon s'y fit construire et qu'il afferma à la princesse de Beauffremont, sa vie durant, pour la somme, une fois payée, de cent mille livres.

Cette demeure, dont on peut encore admirer les gracieux motifs de sculpture, resta longtemps la propriété de la famille d'Aligre ; elle appartenait, dans ces dernières années, à Madame Moitessier. C'était, avant la Révolution, un centre artistique assez animé : Dufrénoy et sa femme, musiciens attachés à la maison d'Orléans, la basse Schmesca, le peintre d'Hancarville, Eckard, dessinateur et musicien, en faisaient une académie au petit pied.

C'est sous ce toit, également, qu'est né le comte de Saint-Geniès, auteur dramatique et journaliste aux belles heures de la Restauration.

Le futur théâtre de l'Alhambra va donc se trouver là en plein pays de connaissance.

LA MARCHE A L'ÉTOILE...

La rue du Bel-Respiro, dont l'insignifiante dénomination rappelait simplement le nom de l'une des villas de l'ancienne « Folie-Beaujon », s'appelle dorénavant rue Arsène-Houssaye ; c'est à merveille.

Parmi les titres multiples qu'il avait à voir donner son nom à l'une des rues de Paris, l'aimable auteur du *Voyage à ma fenêtre* pouvait invoquer celui d'avoir été, en quelque sorte, le Christophe Colomb du quartier avoisinant l'Etoile.

Là s'étendait jadis l'ancienne pépinière royale qui fut attribuée comme fief, en 1780, au comte d'Artois.

Le frère du Roi rêvait d'y créer, sous le nom de « Nouvelle Londres », tout un quartier de « cottages », coupé de squares à l'anglaise... L'entreprise ne réussit pas.

Beaujon, acquéreur du fief, essaya vainement de le « galvaniser » en y prodiguant, à coups de mil-

lions, jardins, villas, pièces d'eau, pelouses et laby-
rinthes.

Le succès ne vint pas : ce coin de Paris restait
désert !

C'est Arsène Houssaye qui, en y élevant le premier, il y a une cinquantaine d'années, les deux
beaux hôtels, l'un de style Renaissance avec des
médaillons de Clésinger, l'autre de style mauresque,
que l'on peut encore admirer en bordure de l'avenue
Friedland, fut l'apôtre de ce mouvement vers l'Ouest
grâce auquel l'Etoile est devenue le centre de toutes
les élégances mondaines.

Arsène Houssaye a donc bien mérité de notre
Paris moderne, et l'hommage posthume que le
conseil municipal vient de lui rendre est de toute
justice.

L'académicien père d'académicien avait deviné la
Marche vers l'Etoile !

NOUVEAU-CIRQUE : ANCIENS SOUVENIRS

L'immeuble qui abrite le Nouveau-Cirque et la cité Chabraud qui en dépend ont passé récemment au feu des enchères. C'est le cas de faire l'historique de ce coin de Paris, qui n'était qu'un *faux bourg* au temps où les capucins s'y établirent, à l'instigation de Catherine de Médicis, en 1574.

Les bons Pères possédaient là de vastes jardins, contigus à ceux des « Feuillants » et qui s'étendaient jusqu'à la terrasse des Tuileries.

Fermée par la Révolution, la chapelle des Capucins fit place à un manège, puis à un établissement de bains, transformé plus tard en une salle de bal, où les « flonflons » de Valentino, de Marx et d'Arban firent tourbillonner plusieurs générations de *jeunesses dorées*...

A *Valentino* succéda le bal de *Cremorne*, pâle copie du « music hall » londonien, qui ne fit que paraître et disparaître.

Puis ce fut le tour du Panorama de Reischoffen, dont l'immense rotonde abrite aujourd'hui le *Nouveau-Cirque.*

RIEN NE VA PLUS...

Les voisins de la Chambre des députés sont tout désorientés.

De temps immémorial, convaincus que l'horloge du palais où se font les lois ne pouvait marquer que l'heure *légale*... ils avaient coutume de régler leurs montres sur le cadran qui décore la façade monumentale de la place du Palais-Bourbon : c'était pour eux le canon du Palais-Royal.

Or voilà que, à l'instar de la Chambre qui entre en agonie, l'horloge parlementaire se met à battre la campagne — serait-elle électorale, par hasard ? — d'une façon inquiétante.

Avant-hier matin elle avait la fièvre et avançait d'une heure ; le soir, à l'accès fébrile succédait un état comateux se traduisant par un retard de cinquante minutes.

La sonnerie ne fonctionnait plus !... Est-ce pour ne pas avoir à sonner le glas ?

Aux dernières nouvelles l'état était toujours inquiétant... On attend la consultation de l'horloger !

UN VIEUX DE LA VIEILLE

Il ne s'agit pas ici du « dernier » survivant de l'Epopée, mais tout simplement de l'un des plus vieux hôtels de la vieille île Saint-Louis, qui a été vendu ces jours-ci : l'hôtel de Lauzun.

Son premier occupant fut le duc de Lauzun, de galante mémoire ; le dernier, le baron Pichon, dont le monde des bibliophiles regrette encore la perte.

Comme hôtes de passage à l'hôtel du quai d'Anjou, citons Charles Baudelaire, le poète des *Fleurs du mal*, et Roger de Beauvoir, qui, malgré la pénurie de ses ressources et l'insuffisance d'un maigre mobilier, y donna, un beau soir, une fête somptueuse.

Méry, l'un des invités, remercia son amphitryon par le quatrain suivant resté peu connu :

> Ce grand hôtel aristocrate
> Par Lauzun vous était promis ;
> Et vous pouvez mieux que Socrate,
> Le meubler de tous vos amis.

Tous ces aimables souvenirs vont-ils disparaître avec le bel hôtel qui les abrita ? Ce serait, en vérité, grand dommage.

A PROPOS DU MÉTROPOLITAIN

Le hasard a mis dernièrement sous nos yeux un texte vieux de quarante-cinq ans, qui semble avoir été copié, mot pour mot, par les auteurs du projet relatif au Métropolitain, devenu depuis quelques jours, loi de l'Etat.

Il s'agit du rapport de MM. les ingénieurs Brame et Flachat, soumis, en 1852, aux pouvoirs publics et qui avait pour objet de réunir, par une voie souterraine, le gare de l'Est aux Halles centrales.

Le *principe* de ce projet fut adopté ; les Halles furent construites dans la prévision de ce chemin de fer et l'emplacement des voies et des quais fut soigneusement réservé dans le sous-sol du nouveau boulevard de Strasboug.

Or ceci se passait il y a près d'un demi-siècle...

Voilà une idée qui aura mis du temps pour faire son chemin, encore qu'il s'agisse d'un chemin... de fer.

LE « VIEUX SATYRE »

Tranquillisez-vous, c'est tout simplement l'enseigne d'un cabaret dépendant de l'une de ces jolies maisons Louis XV, si élégantes dans leurs lignes, qui longeaient l'entrée du préau de la Foire Saint-Germain, et dont on recommence à parler à propos de la construction, sur cet emplacement, de l'hôtel des Examens, cher au cœur de nos édiles...

Le « vieux satyre » figure un mascaron sculpté dans la pierre et portant, entre ses cornes dorées, une corbeille remplie de fruits.

Ah ! s'il pouvait parler, le « vieux satyre », dont l'énigmatique sourire n'a pas varié depuis cent cinquante ans... il en dirait de belles, et de tristes aussi !

Car s'il a d'abord été le témoin impassible des ébats joyeux des escholiers en goguette allant prendre d'assaut les tréteaux de la foire, il a vu aussi le terrible incendie du 16 mars 1762 où il faillit laisser ses cornes dorées.

Hélas ! il a vu encore, de tout près, l'horrible drame de septembre 1792 : car la prison de l'Abbaye ouvrait juste en face son sinistre guichet...

Mais voilà, le « vieux satyre » ne parlera pas !

LES AMAZONES DE LA PLACE
DE LA BOURSE

La place de la Bourse est sens dessus dessous, des travaux de voirie ont éventré la chaussée qui longe la façade postérieure du « Temple de Mercure » et l'on pratique, en cet endroit du sous-sol parisien, des fouilles importantes qui pourraient amener d'intéressantes découvertes...

Sait-on, en effet, qu'il y avait là jadis, s'il faut en croire Sainte-Foix, l'historien de Paris, une nécropole peu banale ?

Il paraît qu'en 1628, un jardinier, fouillant la terre dans un enclos avoisinant les « nouveaux fossés Montmartre » rue Feydeau actuelle, y trouva neuf cuirasses qui, nous dit l'auteur cité, « ont été faites pour des femmes, ce dont on ne peut douter, à la façon dont elles étaient relevées en bosse et arrondies, sur l'un et l'autre côté (*sic*) de l'estomac ».

Quelles étaient ces héroïnes ? Sainte-Foix ne le sait pas au juste; il ajoute seulement qu'il a trouvé dans Mézeray, année 1147, à l'article de la croisade prêchée par saint Bernard, que plusieurs femmes ne se contentèrent pas de prendre la croix, mais qu'elles prirent encore l'épée pour la défendre, « rendant ainsi croyable, ajoute-t-il, tout ce qui a été dit des prouesses des amazones ».

Nous avons cité nos auteurs; le débat reste ouvert... tant que ne seront pas fermées les tranchées de la place de la Bourse !

ENCORE UNE « HORLOGE »
QUI NE MARCHE PLUS

Mais cette fois l'intervention d'un horloger n'y fera rien. Il s'agit de l'ex-concert des Champs-Elysées, le seul « couvert en cas de pluie », comme disaient les affiches, le concert de l'Horloge, enfin, qui a vécu.

De sa façade en carton-pâte, surmontée d'un cadran aux aiguilles presque aussi intermittentes que celles du Palais-Bourbon... il ne reste rien aujourd'hui, et sur ce terrain déblayé va ressusciter, d'ici peu, le Jardin de Paris chassé du Cours-la-Reine par les travaux de l'Exposition.

L'Horloge fit florès au temps jadis. C'est là que Thérésa initia Paris et la province, accourue pour l'Exposition de 1867, aux douceurs du *Canard à trois becs* et de la *Vénus aux carottes...*

C'est là également que les Grammont-Caderousse

du plein air fondèrent, à l'instar de celle de l'Opéra, une « loge infernale » d'orageuse mémoire; on y désignait ainsi une des tables situées à gauche de l'orchestre, tout près de la scène, à laquelle s'installèrent régulièrement chaque soir quelques « gandins » de marque, pour la plus grande terreur des débutantes infortunées.

Un vieux souvenir à cette horloge qui eut ses heures... de succès.

PARIS QUI S'ÉLARGIT

Les affiches blanches officielles nous ont appris, il y a quelque temps, qu'une enquête était ouverte en vue de l'élargissement de la rue de La Boétie, côté impair, entre la rue de Cambacérès et le faubourg Saint-Honoré.

Cette opération va faire disparaître, au moins partiellement, quelques jolies maisons, aux cours spacieuses, qui ont un cachet bien particulier, mais qui ont aussi le tort de sortir de l'alignement.

Parmi les hôtels menacés, citons celui du style romantique qu'habita longtemps M. Rouher, au numéro 37, et, un peu plus loin, les deux hôtels construits par M. de Wailly, l'architecte du Roi, qui édifia l'Odéon. L'un d'eux fut habité successivement par la famille d'Aligre, M. de Saulty et M. de Alfonso. L'autre fut construit pour le sculpteur

Pajou, qui eut pour successeurs le prince Demidoff, M. Hainguerlot et le comte Branicki.

Il y a quelques années, alors qu'un long voile de deuil n'attristait pas encore son nom, le Bazar de la Charité y tint ses assises.

Un vaste jardin entourait jadis ces hôtels qui s'adossaient à l'ancien dépôt des gardes-françaises, aujourd'hui caserne Penthiève.

―――――

UNE ADJUDICATION PEU BANALE

Par les soins de Mᵉ X... son notaire ordinaire, la ville de Paris met en vente, sur enchères publiques, au n° 61 — présumé — du boulevard des Batignolles, le vaste réservoir entouré de tertres gazonnés qui, aux heures brûlantes de la canicule, pouvait donner aux voisins de la barrière Montceau, retenus au rivage parisien, l'illusion, très approximative, d'un voyage aux Grands Lacs. Il servait de déversoir au trop plein de la « gare » de la Villette, bien connu sous le nom de la *Rotonde*, à laquelle il était relié par un aqueduc de près de quatre kilomètres.

Ses eaux transparentes provenaient des jolies sources de la Beuvronne, qui furent « captées » en même temps que celles de l'Ourcq et firent leur entrée solennelle le jour de la fête de l'empereur, le 15 août 1809.

Le réservoir Montceau avait été creusé dans les

profondeurs du « rocher », dont une rue voisine a gardé le nom et autour duquel gesticulaient, au temps jadis, les ailes des moulins *Boute-à-feu*, des *Prunes* et de la *Marmite*.

C'est le 3 du mois prochain que le réservoir doit être adjugé.

Les amateurs de pleine eau sont prévenus.

LE RALLIE-MONTROUGE

L'ancien « château » de Montrouge, dont une rue de notre Paris moderne a conservé le nom, à deux pas de la chaussée du Maine, est à vendre. Inutile de dire qu'il n'en reste que quelques pans de murs délabrés et un terrain vague de près de deux hectares, occupés jadis par le parc du château auquel se rattache un amusant souvenir.

Il y a une cinquantaine d'années, une société loua ce parc et y installa une estrade dominant une vaste clairière ; à certains jours, on lâchait dans l'enceinte un malheureux cerf acheté à grands frais et quelques lièvres domestiqués. On payait tant pour chasser, tant pour voir la chasse. Et le bourgeois parisien, pour une somme modique, avait le cor au fond des bois, l'hallali et la curée... chez soi !

Soit indifférence du public, soit difficulté de renouveler le gibier, la société des chasses de Montrouge ne donna que quelques fêtes qui n'ont pas enrichi les annales cynégétiques.

Avis aux amateurs de laisser-courre qui redoutent les déplacements lointains.

A PROPOS D'UN VIEUX PASSAGE

Les antiques maisons, dont quelques-unes se distinguent par d'intéressantes façades en pierres de taille, qui étranglent l'entrée de la rue Saint-Jacques, du côté du petit pont, vont être démolies pour cause d'alignement : ainsi en a décidé l'inflexible Administration.

Derrière les immeubles menacés, contigus à l'église-Saint-Séverin, s'ouvrait jadis un étroit et noir passage donnant accès au cimetière de la paroisse et dont la porte était ornée de l'inscription suivante :

> ... Passant, penses-tu passer par ce passage
>   Où pensant, j'ai passé ?
> Si tu n'y penses pas, passant, tu n'es pas sage :
> Car en n'y pensant pas, tu te verras passé.

... Plutôt macabre, l'auteur de cette facétie rimée, soit dit... en passant !

L'AUBERGE DU CHEVAL-BLANC

Un petit coin du vieux Paris, qui avait conservé jusqu'à nos jours une physionomie bien pittoresque, va disparaître sous peu : nous voulons parler de l'auberge du « Cheval-Blanc » de la rue Mazet, ancienne Constrescarpe-Dauphine, où elle eut longtemps pour voisin le fameux restaurant Magny, démoli, lui aussi, il y a quelques années.

C'est à cette auberge qu'Alexandre Dumas fit descendre d'Artagnan à son arrivée à Paris.

Tout porte à croire, d'ailleurs, que ce gîte servait de rendez-vous aux « cadets de Gascogne » tout frais débarqués de leur bonne province, car c'est au « Cheval-Blanc » qu'avaient lieu le départ et l'arrivée de la diligence qui desservait Orléans, Tours, Bordeaux et le Midi de la France.

L'auberge du « Cheval-Blanc » sert toujours de

siège à une entreprise de roulage ; elle a conservé ses hangars vermoulus et ses théories de poules et de canards picorant à qui mieux mieux l'herbe grasse de ses cours... Seuls, les « cadets de Gascogne » manquent à l'appel.

Nous les retrouverons, sans doute, au futur *Terminus* de la gare du quai d'Orsay !

TROUVAILLE INTÉRESSANTE

Au cours des fouilles entreprises pour la réfection des égouts de la rive gauche, on vient de découvrir, près de la place Saint-Michel, un intéressant motif de sculpture qui représente un personnage tenant à la main un écusson sur lequel se détachent des armoiries.

Ce débris provient évidemment de l'ancienne église Saint-André-des-Arts, détruite à l'époque révolutionnaire, qui s'élevait à proximité et était particulièrement riche en sculptures ; on y remarquait notamment le tombeau de la princesse de Conti, par Girardon ; celui de son fils puîné, François-Louis de Bourbon, par Coustou ; le monument du président Séguier, dont le nom est resté attaché à une rue voisine ; un médaillon en marbre figurant saint André, donné à cette église par Armand Arouet, frère de Voltaire ; enfin, un curieux groupe représentant la Religion foulant aux pieds un squelette embarrassé dans son linceul...

Auquel de ces monuments se rattache le fragment récemment découvert ? C'est ce que nous diront bientôt, sans doute, nos savants archéologues parisiens.

TRICYCLES VIEUX JEU

Au moment où l'on parle de lancer les fiacres automobiles électriques, voici quelques détails qui ne manquent pas d'être curieux.

Ah ! ils étaient moins impétueux et moins bruyants que nos voitures mécaniques, les « tricycles » d'antan : ils n'en rendirent pas moins de grands services à nos pères qui saluèrent avec joie leur apparition. C'est vers 1838 que, pour faire concurrence aux « Favorites », aux « Dames-Blanches », aux « Béarnaises » et autres « Citadines » généralement quelconques, les « Tricycles » furent lancés dans la circulation parisienne.

Un almanach de l'époque nous indique que, pour éviter les cahots du voyage et être bien à l'aise dans ces voitures, « il faut, si la ligne suit des rues « à ruisseau », prendre place à gauche en montant; et si la ligne suit des rues « à chaussée » s'asseoir à droite. » Ce paternel avis ne sauva pas la Compagnie des « Tricycles » du sort commun : avec ses rivales elle fut absorbée par « la Compagnie générale des Omnibus ».

Et aujourd'hui on s'asseoit où l'on veut.

L'YVETTE ET LA BEUVRONNE

Nous avons déjà parlé de la Beuvronne qui, depuis 1809, alimente le réservoir Montceau, dont la désaffectation est décidée.

Avant d'être admise au privilège de fournir les robinets parisiens, la Beuvronne eut à subir contre l'Yvette — la jolie rivière qu'encadre la vallée de Chevreuse — une lutte épique qui, trente ans durant, coupa en deux le monde des ingénieurs.

Deparcieux tenait pour l'Yvette, Perronnet de même; M. de Sartines, lui aussi, voulait à toute force « conduire l'Yvette à Paris ».

Il n'est pas jusqu'à Voltaire — on ne s'attendait pas à voir Voltaire en cette affaire — qui ne dit son mot sous la forme du billet suivant, adressé en 1768 au fameux auteur des *Tables*, et que nous croyons à peu près inédit :

Vous avez dû, monsieur, recevoir des éloges et des remerciements de tous les hommes en place; vous n'en recevrez aujourd'hui que d'un homme bien inutile. Si ma vieillesse et mes maladies m'ont fait renoncer à Paris, mon cœur est toujours votre citoyen. Je voudrais voir la fontaine de l'Yvette former un large bassin autour de la statue de Louis XV; je voudrais que toutes les maisons eussent de l'eau comme celles de Londres.

Et Voltaire de conclure avec amertume... et justesse :

« Nous venons les derniers en tout, j'en suis fâché ».

Malgré ces célèbres patronages, l'Yvette se vit définitivement préférer la Beuvronne.

Son nom n'est pas resté d'ailleurs inconnu des Parisiens d'aujourd'hui... mais il s'agit d'une toute autre Yvette !

LE BOIS DE LA CHAMBRE

Au cours d'une petite promenade autour du bois de la place du Carrousel, les journaux constataient récemment qu'on ne mourrait pas de froid l'hiver prochain au ministère des finances.

Il en sera de même au Palais-Bourbon, dont la cour ressemble à un véritable camp retranché, grâce aux piles énormes de chêne et de hêtre *choisis* qui s'y entassent en stères savants...

Un détail : le bois réservé à MM. les députés n'est reçu par la questure qu'après un examen minutieux ; on n'accepte que celui de toute première qualité, pris dans les meilleurs « cantons » de nos forêts domaniales, celle de Crécy notamment.

Après les cigares *choisis*, les bûches *extra*... Nos Honorables ne se refusent rien !

Cette année, on a particulièrement surveillé la commande. La Chambre veut sans doute, pour répondre au pays qui vient de faire entendre sa voix, lui montrer à son tour... de quelle bois elle se chauffe.

UN LOGIS DE BALZAC

Perdue dans les solitudes qui avoisinent l'Observatoire, la petite rue Cassini ne se distingue, au premier abord, par aucune particularité bien intéressante.

Si l'on veut toutefois franchir avec nous le seuil de la maison portant le numéro 6, on y retrouvera, demeuré presque intact, le logis qui, cinq années durant, aux environs de la révolution de 1830, abrita le père d'*Eugénie Grandet*.

L'immeuble, actuellement propriété de l'Assistance publique, se compose de trois corps de bâtiments élevés de deux étages, entourant une cour sombre et humide. De l'aile gauche qu'habita Balzac descend un perron donnant accès à un vaste jardin.

Le tout s'étend sur les dépendances de l'ancienne abbaye de Port-Royal, et Balzac pouvait y évoquer à l'aise le souvenir des grands disparus du dix-septième siècle...

Il en a fait son profit.

CYRANO DE BERGERAC AIEUL DE M. EDISON

... C'est d'une parenté purement scientifique qu'il s'agit ici.

Pour l'établir d'une façon irréfutable, il suffit de parcourir le *Voyage dans la lune*, paru en 1648, et dans lequel Cyrano raconte que son guide aux régions lunaires lui remit un jour un livre en forme de boîte renfermant une sorte d'horloge garnie de multiples et imperceptibles ressorts.

Pour prendre connaissance de ce livre, les yeux sont inutiles; on n'a besoin que des oreilles... Et Cyrano de nous expliquer comment il faut tendre les « petits nerfs » de cette machine et tourner l'aiguille sur le chapitre que l'on désire « écouter ». Cela fait, poursuit-il, « il en sort, comme de la bouche d'un homme, tous les sons qui servent, entre les grands lunaires, à l'expression du langage ».

Paris eut la primeur de cette expérience dans laquelle on peut entrevoir — n'est-il pas vrai ? — le principe du phonographe deviné deux cent cinquante ans avant sa réalisation...

AU QUARTIER BASFROI

D'importants travaux d'édilité, corollaires du percement de l'avenue Ledru-Rollin, dont nous avons déjà parlé, viennent de trasformer un coin bien intéressant du vieux Paris, aux ruelles tortueuses, aux impasses sordides : le quartier Basfroi, tout proche de la Roquette.

C'était, au siècle dernier, le lieu béni des « petites maisons », ou « folies », qui faisaient la joie de nos pères, et là, perdues dans la verdure, à l'ombre des bosquets touffus et parsemés de grottes factices, s'élevaient, entre autres, les jolies habitations du maréchal de Richelieu et de Fronsac. Non loin s'élevait aussi la maison pittoresque où naquit Sedaine, disparue il y a quelques années.

Le voisinage du dépôt général des « Pompes anti-méphitiques des bâtiments du Roi » n'empêchait pas, paraît-il, l'achalandage de ce quartier, qui, on l'avouera, avait de nos jours quelque peu changé de physionomie.

QUESTION D'ÉCLAIRAGE

Au moment où le problème de l'éclairage de la capitale est sur le point, grâce à l'électricité, de faire un pas décisif, il n'est peut-être pas inutile de rappeler comment nos pères étaient partagés, sous ce rapport, vers la fin du siècle dernier.

Le *Géographe parisien*, paru en 1769, et dédié à M. de Sartines, lieutenant-général de la police, nous renseigne à ce sujet. Il nous montre les « réverbères » enfin substitués, à la suite d'un concours ouvert par l'Académie des sciences, aux premières lanternes dont Paris avait été doté, un siècle auparavant, en 1666. Les nouveaux « réverbères » furent trouvés parfaits.

L'ouvrage cité regrette seulement que, par mesure d'économie, l'éclairage fût *supprimé* pendant trois mois de l'année et *suspendu* pendant les « jours de lune »...

Ces regrets ne paraîtront pas superflus aux Parisiens d'aujourd'hui qui auraient peine à se résigner à semblable économie de... bouts de chandelles.

LES MAISONS QUI MEURENT...

Le petit hôtel qui, à l'angle des rues de Ponthieu et de La Boëtie, présentait sa jolie façade cintrée, ornée de colonnes grecques et de statues gracieuses, vient de tomber sous la pioche du démolisseur, selon l'expression classique.

Il était le contemporain et, en quelque sorte, le sosie de l'ancien hôtel Castellane, son voisin du faubourg Saint-Honoré, qui jouit jadis d'une vogue méritée dans le monde artistique, avec son élégant théâtre où, entre autres souvenirs intéressants, Augustine Brohan débuta, en 1851, dans les *Métamorphoses de l'Amour*. L'hôtel qui nous occupe fut longtemps habité par le comte et la comtesse de Viel-Castel et l'on ne compte pas les fêtes brillantes qui y furent données pendant toute la durée du second empire.

En face s'élevait l'hôtel Flahaut, où naquit celui qui devait devenir le duc de Morny, dont le nom est resté attaché, pendant plusieurs années, à la rue que nous venons de parcourir au hasard des souvenirs.

LE ROULE AU TEMPS PASSÉ

Un ancien témoin de l'histoire du vieux Paris vient encore de mourir. C'était une antique masure du faubourg Saint-Honoré qui, à l'angle du passage Saint-Philippe–du-Roule, écrasée par les immeubles à six étages qui l'environnaient, profilait encore sur la chaussée sa rouge façade délabrée et ses toits en pignons couverts de tuiles primitives, et qui, pendant près d'un siècle, abrita les magasins de la « Belle Anglaise ».

Dépaysée dans ce quartier aristocratique, aux constructions monumentales, la bâtisse en question appartint jadis à l'archevêché de Paris qui possédait dans sa censive, en cet endroit même, par delà la Ville-l'Evêque, un vaste marais de deux arpents limité par la chaussée du Roule.

Elle faisait un peu l'effet d'une tache de rousseur sur un frais visage... mais n'en était pas plus déplaisante pour cela !

ENCORE L'A. P.

L'Assistance publique met aux enchères, en conseil de Préfecture, l'adjudication de la démolition d'un immeuble à elle appartenant et sis 39, rue Saint-André-des-Arts.

C'est une maison basse d'étages, à la façade noire et rébarbative, aux fenêtres grillagées, et que seuls un fronton ornementé et une porte sculptée où se voient les bustes de Cérès et de Bacchus signalent à l'attention du passant.

Depuis longtemps abandonnée, cette vieille maison n'avait jamais eu d'affectation bien déterminée. Tout ce que l'on sait, c'est qu'elle appartenait jadis à l'Hôtel-Dieu et qu'elle prêta, pendant quelque temps, ses locaux à une école de filles qui, d'ailleurs, devant l'insalubrité du logis, dut chercher un refuge ailleurs.

L'adjudicataire n'aura grand'peine pour jeter bas les restes branlants de cette vieille « bicoque ».

DE BERGERAC A MONTMARTRE

Le croirait-on ? L'ami et le confident de Roxane n'avait jusqu'à présent rencontré auprès de l'édilité parisienne que la plus complète indifférence : pas la moindre rue, pas la moindre ruelle, pas même une impasse qui rappelât son nom...

Montmartre heureusement est là, et vient de donner une leçon à la Capitale !

Sur le flanc sud de la Butte, entre les rues Caulaincourt et Mercadet, une voie nouvelle vient de s'ouvrir sur les terrains d'une propriété privée et le nom de Cyrano de Bergerac s'étale gaiement sur les plaques indicatrices provisoires de la rue née d'hier.

A quand le « classement », — comme on dit en style administratif — de Cyrano ?

Le baptême officiel ne saurait tarder : tous les cadets de Gascogne auront à cœur de s'y donner rendez-vous avant de « descendre » aux rives de la Garonne, vers Castillonnès ou Casteljaloux...

MOELLONS ET AUBÉPINES

La pioche municipale mord, à pleines dents, la morne et placide rue des Poitevins qui va faire place au nouveau boulevard Danton.

Avec elle disparaîtront deux vieilles bâtisses qui, avant de devenir les hôtels d'Enneval et du Tillet, servaient de garnis aux *martinets*, externes, et aux *galoches*, étudiants amateurs, qui fréquentaient les collèges voisins de Tours et de Mignon.

Au moyen-âge, on ne voyait en ce quartier que vergers et jardins fleuris; la rue du *Jardinet*, y attenante, en a gardé jusqu'à nous le souvenir.

Une autre rue voisine, la rue *Serpente*, qui tirait son nom des sinuosités qu'elle faisait au travers des prés verdoyants, était, jadis, bordée de haies d'aubépines; c'est celle que suivait de préférence la reine Ulrogothe, lorsqu'elle allait, vêtue de sa blanche robe de veuve, prier sur le tombeau de Childebert, inhumé sous le dôme de Saint-Germain-le-Doré...

Ah! dame! ça n'est pas d'hier, et où sont les aubépines d'antan?

OMBRES ET VIEUX MURS

L'un des plus anciens et des moins connus passages de Paris va être, paraît-il, d'ici peu, l'objet d'importants travaux destinés à lui donner l'air et la lumière qui lui font totalement défaut : nous voulons parler du passage du Pont-Neuf qui sert de trait d'union entre les rues de Seine et Mazarine.

Il occupe exactement l'emplacement de l'ancien jeu de paume de la « Bouteille », sur les terrains duquel s'élevait jadis la salle Guénégaud.

Le 3 juillet 1673, on y représenta le *Comédien poète*, de Montfleuri et Thomas Corneille; la *Phèdre*, de Pradon, y fut jouée, pour la première fois, le 1ᵉʳ janvier 1677; on y donna aussi le *Médecin malgré lui*.

Avant d'abriter la Comédie-Française, le théâtre Guénégaud avait donné l'hospitalité à l'Opéra, et en mars 1671, un ballet de l'abbé Perrin intitulé *Pomone* y avait été représenté. Lulli y donna, à son tour, en 1672, les *Fêtes de l'Amour et de Bacchus*.

Les murs de cette vieille salle subsistent encore, avec quelques vestiges des loges et des magasins du théâtre, au nº 42 de la rue Mazarine.

AUTOUR DES TOURS DE NOTRE-DAME

A-t-on jamais remarqué que les deux tours de notre vieille basilique n'étaient pas absolument égales entre elles ?

Certes, elles sont de même hauteur et, à première vue, toutes semblables d'aspect ; mais, avec un peu d'attention, chacun est à même d'observer que les baies de la méridionale sont plus étroites que celles de sa voisine et que les statues qui décorent sa galerie du premier étage sont au nombre de sept, alors que la tour du Nord en compte dix.

Quant à l'origine de cette irrégularité si bien dissimulée par les architectes, elle vient de cette coutume qui voulait que les cathédrales métropolitaines, certaines collégiales et les abbayes royales, seules, eussent le droit de posséder deux tours absolument semblables. Les cathédrales suffragantes avaient droit à deux tours, mais inégales ; les autres églises n'avaient droit qu'à un seul clocher.

Or, on n'ignore pas que, pendant de longs siècles, Paris n'était qu'un évêché suffragant de l'archevêché de Sens.

Si nous ne craignions d'être irrévérencieux nous nous hasarderions à dire que cela n'avait pas le *sens* commun.

QUAND CYRANO ALLAIT A L'ÉCOLE

L'antique chapelle de Beauvais, qui va sous peu être ouverte au culte arménien, est l'un des plus vieux édifices de Paris : seuls, Saint-Pierre de Montmartre, Notre-Dame et Saint-Julien-le-Pauvre sont ses aînés.

Construite en 1380 aux frais de Jules Dormans, évêque de Beauvais, elle fut solennellement inaugurée, ainsi que le collège y attenant, par le roi Charles V, en personne.

Il y a quelque vingt ans, on pouvait encore voir, au-dessus de la porte d'entrée, deux bandes de couleur rouge et bleue indiquant le « stage » révolutionnaire qu'elle dut subir : Chaumette y avait, en effet installé un temple de la Raison.

Fait peu connu : l'un des plus brillants élèves du collège Dormans-Beauvais fut, au temps jadis, Cyrano de Bergerac.

C'est là que, vers 1635, le futur auteur du *Pédant joué* écoutait docilement les doctes et pieux enseignements de Jean Grangier...

Il ne devait pas tarder à les oublier quelque peu par la suite, mais qu'importe ! Il a mérité que M. Rostand s'occupât de lui... et de quelle façon ! Ceci excuse cela, et tout est pardonné.

LA MAISON DES « SACHETTES »

L'ancien quartier Saint-André-des-Arts est, en ce moment, sens dessus dessous.

Sapé par en bas par les travaux de la Compagnie d'Orléans pour l'établissement de la ligne du quai d'Orsay et par ceux de la dérivation de la Bièvre, il est attaqué, par en haut, pour le percement du boulevard Danton prolongé. Ce vieux coin de Paris s'effrite dans un nuage de poussière, et c'est à la douzaine que l'on peut compter les victimes de ce bouleversement général... L'une des plus intéressantes est la maison dite des « Sachettes » devenue plus tard l'hôtel de Thou.

Les gracieuses lucarnes Renaissance que l'on peut y voir encore s'ouvraient jadis sur le cloître Saint-André, transformé, sous la Terreur, en club, et qui fut vendu, le 21 août 1797, après avoir successivement servi de repaire aux sections des Cordeliers, des Marseillais et de Marat.

16.

AUTOUR DE SAINT-MÉDARD

L'antique et très curieuse église de Saint-Médard est en ce moment l'objet d'importants travaux de réfection.

Sur l'emplacement de l'église actuelle, jadis enfouie au milieu des bâtisses délabrées de la rue Mouffetard, s'élevaient, au début de l'histoire de Paris, les assises d'un temple monumental que les Romains, en venant camper sur les bords de la Bièvre, avaient dédié à Diane.

Le cimetière de Saint-Médard eut, on le sait, grâce aux « Convulsionnaires », son heure de célébrité et chacun connaît le distique fameux :

> De par le Roi, défense à Dieu
> De faire miracle en ce lieu...

Cette église qui s'accroche au flanc méridional de la montagne Sainte-Geneviève et surplombe le bras desséché de la Bièvre, renferme, entre autres curiosités intéressantes, la tombe du diacre Pâris et une sainte Geneviève, de Watteau, justement admirée.

Elle vaut certes un petit voyage en ce lointain pays.

LES TRIBULATIONS DE LA VEUVE

Il s'agit, on le devine sans doute, de la guillotine qui, forcée de quitter la Roquette pour cause d'expropriation, ne sait pas où aller donner... de la tête.

On avait parlé de la barrière d'Enfer — c'eût été vraiment un peu macabre ! — puis de la place Saint-Jacques où elle fonctionna jadis pendant de longues années. Mais les électeurs, riverains de ces deux localités, ont protesté avec énergie et comme ils sont « bien pensants », ils ont, grâce à leurs conseillers municipaux, gagné leur procès.

On se rabattit sur un autre carrefour parisien mais on y rencontra un lycée de jeunes filles. Suivant le mot du spirituel chroniqueur Francis Chevassu, devant les protestations émues de la directrice, on reconnut que l'exécution capitale présentait un caractère de « leçon de choses » un peu brutal pour des demoiselles aspirant au brevet supérieur. On cherche donc ailleurs...

En attendant le vote très probable d'une loi supprimant la publicité des exécutions capitales, cette Veuve, d'un placement difficile, va errer à travers les carrefours parisiens...

Si on l'envoyait... au Malabar !

AU VIEUX QUARTIER LATIN

Les travaux d'élargissement de la rue du Petit-Pont — c'est chose décidée — vont être entrepris sous peu : ils seront gagés sur les fonds du dernier emprunt de la Ville.

Là s'élevait jadis, on le sait, le petit Châtelet auquel aboutissait la *Grant rue oultre Petit-Pont*, la doyenne des rues de Paris, puisqu'elle avait emprunté le sol de la voie romaine qui aboutissait à l'unique pont traversant alors le bras gauche de la Seine.

A l'époque où les écoles s'installèrent au flanc de la butte Sainte-Geneviève, la rue du Petit-Pont devint la principale artère du quartier Latin ; toutes les industries qui vivaient de l'Université et des Ecoles s'y établirent. C'est là que naquit, en France, l'imprimerie, et que les libraires, enlumineurs, miniaturistes, parcheminiers — la rue de la *Parcheminerie* en témoigne encore de nos jours — se groupèrent à l'envi...

Dante ne nous dit-il pas que ce qui a le plus émerveillé à Paris ce sont les miniatures et les enluminures de manuscrits s'étalant aux devantures des « peintres » de la rue du Petit-Pont?

L'auteur de la *Divine Comédie* s'y sentirait quelque peu dépaysé de nos jours.

A PROPOS D'UNE ENSEIGNE

La rue du Renard est en ce moment aux mains des démolisseurs qui en élargissent l'entrée du côté de la rue de Rivoli.

La première maison qui va disparaître a son histoire ; c'était, au moyen-âge, la boutique d'un cordonnier qui avait arboré une superbe enseigne représentant un renard botté et éperonné, prêchant dans une haute chaire.

L'enseigne, comme cela se fit communément dans le vieux Paris, donna son nom à la rue qui s'appela longtemps : rue du *Renard qui presche*.

Ce renard prêcha-t-il dans le désert ? Toujours est-il que le nom de la rue, restée celle du *Renard* tout court, se modifia avec les années. L'enseigne disparut à son tour.

Un immeuble voisin, également menacé par la pioche municipale, abrita, au début de la Révolution, le *Théâtre de la Concorde* : ce nom dût lui porter malheur, car il n'eut qu'une existence éphémère. On y jouait des pièces du genre larmoyant...

Accordons-lui une larme.

AU NOBLE FAUBOURG

Le boulevard d'Enfer, placé depuis peu sous le vocable de Raspail — l'homme au camphre — continue sa course à travers les profondeurs du faubourg Saint-Germain, éventrant de droite et de gauche les vieilles demeures aristocratiques qui, jusqu'à présent, avaient résisté aux attaques de nos modernes démolisseurs.

Voici encore que deux des plus beaux hôtels du faubourg, dont les jardins se réunissaient entre les rues de Grenelle et de Varenne, viennent de mordre la poussière.

... Disparu également le retrait, tout rempli d'arbres et de chants d'oiseaux, qui se voyait à l'intersection des rues de La Chaise et de Babylone.

A la place de ces oasis de verdure va s'élever, dans son implacable rigueur rectiligne, une double rangée de maisons à six étages...

Oh! ligne droite, que de crimes on commet en ton nom!

LE MARRONNIER DE CRACOVIE

On fait en ce moment la toilette des arbres qui garnissent nos promenades publiques ; à ce propos, et au moment où l'avenir du Palais-Royal préoccupe les amis du vieux Paris, rappelons que c'est le 15 octobre 1781 que fut donné le premier coup de hache aux arbres séculaires du « jardin d'Orléans », dont le tout-Paris d'alors raffolait, pour l'édification des galeries nouvelles.

Parmi les arbres qui furent jetés bas, il en est un qui eut sa petite page d'histoire ; nous voulons parler du « marronnier de Cracovie ».

On l'avait baptisé de ce nom parce que des amis ardents de la Pologne se donnaient rendez-vous sous ses rameaux lors du premier démembrement de ce pays ; on lisait à haute voix le *Courrier de l'Europe* et la *Gazette de Leyde*, et l'on y maugréait en liberté contre la tsarine Catherine II..

Goldoni, dans ses *Mémoires*, rappelle ce fait et ajoute qu'il fut assez heureux pour s'emparer d'une branche fleurie de « l'arbre de Cracovie », qu'il porta dans une maison amie, où, à sa vue, les femmes se mirent à pleurer, tandis que les hommes entraient en fureur...

De nos jours, on prend plus philosophiquement les choses.

LES ENFANTS TROUVÉS

La ville vient de vendre le terrain où s'élevaient au faubourg Saint-Antoine, les maussades bâtiments de l'Hôpital des Enfants-Trouvés qui, après s'être appelé longtemps « hôpital Sainte-Eugénie », fut baptisé au lendemain de la Guerre du nom de Trousseau.

C'est en 1676, le 10 juin, que la reine Marie-Thérèse en posa la première pierre au milieu d'un cérémonial imposant. L'édifice fut construit grâce aux libéralités de la famille d'Aligre qui de tout temps, s'est acquis tant de titres à la reconnaissance des parisiens. Depuis longtemps, le chevalier d'Aligre avait construit de ses propres deniers, un établissement analogue situé au faubourg Saint-Jacques. Il fit don à l'œuvre du bon Saint-Vincent-de-Paul, de l'immense terrain dont il était propriétaire au faubourg Saint-Antoine, et prit à sa charge tous les frais de construction de la fondation nouvelle.

Les restes de plusieurs membres de la famille d'Aligre reposent dans les caveaux de la chapelle des Enfants trouvés.

On prête à M. le Comte de Pomereu, le sympathique député de Rouen, héritier des d'Aligre, l'intention de les faire exhumer et transporter dans une sépulture de famille en Normandie.

A la place des vieux bâtiments de l'hôpital désaffecté, on va planter un square où les petits oiseaux viendront chanter sous la feuillée...

LES PIERRES QUI PARLENT...

A propos de Saint-Julien-le-Pauvre, dont nous parlions dernièrement, les recherches archéologiques ont établi que déjà, sous le règne de Clovis, cette église était dédiée à Saint-Julien-l'Hospitalier, celui-là même que consacrait, au XIIIe siècle, la *Légende dorée* de Jacques de Voragine dont Flaubert a tiré l'un des plus beaux chefs-d'œuvre de la littérature contemporaine.

Fait curieux : on peut encore voir de nos jours, au-dessus de la porte de la maison portant le n° 42 de la rue Galande, un antique bas-relief en pierre où Saint-Julien est représenté avec sa femme, dans une barque, et conduisant un voyageur à l'hospice, de l'autre côté de l'eau.

Cela nous montre que, de tout temps, Saint-Julien-le-Pauvre et l'Hôtel-Dieu se sont donné la main par dessus le petit bras... de la Seine.

LE SERVICE « RABATTEUR »

La Compagnie des Omnibus vient d'inaugurer, sur une petite ligne reliant la porte d'Ivry à la Bastille, le service dit « rabatteur », au tarif uniforme de quinze centimes par place.

Ce service, dont la dénomination indique qu'il a pour objet de « rabattre » vers les grandes têtes de lignes de la capitale les habitants de la périphérie parisienne, est annoncé au public par l'apposition sur l'impériale des omnibus en question de jolies pancartes à lettres d'or sur fond rouge.

La Compagnie utilise pour ce nouveau service les vieilles petites voitures à vingt-six places qu'elle a peu à peu retirées de la circulation parisienne et qui, pour la circonstance, ont été l'objet d'un badigeonnage et d'un vernissage complets du plus appétissant aspect... qui donnerait à la Tour elle-même du « petit jeu » bien connu l'envie de se laisser « rabattre ».

L'HOTEL MARTIGNAC

Derrière les murailles éventrées d'un vieil hôtel qui s'écroule sous les coups répétés de la pioche municipale, à l'angle de la rue de Grenelle et du nouveau boulevard Raspail, on peut encore apercevoir des boiseries de toute beauté que d'habiles ouvriers s'appliquent à démonter avec d'infinies précautions...

Ce sont là les derniers vestiges d'un superbe immeuble, très connu dans le quartier sous le nom d'hôtel Martignac.

Ses jardins, aux profonds ombrages, rejoignaient par derrière ceux de l'hôtel de Luynes et formaient, avec eux, une oasis de verdure incomparable.

Ces vieux souvenirs d'un passé de splendeur et d'élégance n'ont pas trouvé grâce devant les froides nécessités du Paris moderne qui sacrifie tout à l'odieuse banalité de l'inflexible ligne droite...

Pour peu que cela continue, notre vieux faubourg Saint-Germain, si cher à ceux qui aiment à se consoler du présent en se reportant dans le passé, finira par ressembler à ces odieuses autant que jeunes agglomérations qu'on appelle Asnières ou Pantin... moins les arbres !

UNE PETITE SUISSE PARISIENNE

Imaginez un coteau gazonné, d'une superficie de deux à trois hectares, tout planté d'ormeaux et de noisetiers avec quelques sapins comme fond de décor et, pour compléter l'illusion, un troupeau de chèvres broutant à qui mieux mieux une herbe verdoyante et grasse... Seul, le lac classique fait défaut... et encore le voisinage immédiat du réservoir de Charonne fournit-il, à ce point de vue, un « à peu-près » suffisant.

Ce paysage, certes, n'est pas banal ; seulement il faut se hâter de l'aller contempler, car il s'étage sur les derniers contreforts de la butte dite du « Mont-Louis » dont le versant oriental va être nivelé pour livrer passage à la rue Belgrand prolongée.

Déjà les restes de l'ancien moulin de Bagnolet, qui s'élevait en cet endroit, ont mordu la poussière ; bientôt ce sera le tour des arbustes de la petite forêt en miniature...

...On en fera des fagots... Comme M. Sarcey !

LE MOULIN DE « CHANTE-REINE »

La circulation sur le Pont-au-Change devient de plus en plus difficile et, à certaines heures de la journée, l'encombrement est tel qu'un service d'ordre des plus sérieux doit y être organisé.

Ce n'est pas qu'il y ait rien à craindre pour la solidité de ce pont, solidement reconstruit en 1859; mais il ne faut pas oublier qu'il a un point faible, très faible... Du côté du palais de Justice, en effet, ses assises reposent sur une berge marécageuse où se trouvaient jadis les premières attaches d'un moulin qui, de là, s'avançait dans la Seine, « à la façon de celui de maître Hugues », situé un peu plus haut sur l'autre rive de la Seine, à l'endroit où s'élève l'ancien « Lyrique ». Ce moulin, quelque peu oublié de nos jours, était dit de *Chante-Reine* (Chante-Grenouille) à cause de l'espèce de Grenouillère où s'embourbaient ses piliers.

Lorsque le moulin fut supprimé, on combla le marécage ; mais il y a toujours là des terrains un peu mouvants... Voilà pourquoi le pont qui l'avoisine pèche encore par... la base.

VIEUX FOURNEAUX, VIEUX MOULINS...

La rue des Fourneaux, qui figure sur les plus anciens plans de la ville et de ses faubourgs comme un « chemin fort fréquenté par ceux que leurs affaires appellent au *Val-Gérard* (Vaugirard) », est en train de faire peau neuve. Elle a été élargie sur tout son parcours ; on l'a dotée de trottoirs « confortables » et le pavé en bois va succéder à la raboteuse chaussée de terre où les camions, le soir venu, s'embourbaient à qui mieux mieux, sous l'éclairage falot d'invraisemblables quinquets à l'huile qui vont faire place à la triomphante électricité.

D'aucuns ont cru trouver dans le dictionnaire de la « Langue Verte » l'étymologie de la dénomination bizarre de cette rue... Il n'en est rien, son nom vient tout simplement de la grande quantité de fours à chaux qui s'y voyaient encore lors de l'annexion de 1860 et dont les cheminées aux panaches fumeux se mêlaient aux battements d'ailes des nombreux moulins du voisinage : le moulin *Janséniste,* le moulin du *Coq,* le moulin de l'*Amour.*

Il y a, comme on le voit, « fourneaux » et fourneaux !

SUS AUX ÉTRANGERS !...

Connaissez-vous la rue des Lyanes? Elle s'ouvre — pour se fermer bientôt, d'ailleurs, en impasse — à l'extrémité du vieux faubourg de Charonne, tout près des fortifications.

Si vous n'êtes pas du quartier, vous n'y pénétrerez, sinon à pied du moins en voiture, que fort difficilement ; il vous faudra montrer patte blanche, car l'entrée de cette rue « bien française » est sévèrement gardée par une double pancarte dont nous copions servilement le texte :

Défense aux voitures Étrangères
de passer dans la rue
sous peine d'amende.

C'est ce qu'on appelle, en matière de douanes, le régime *prohibitif*...

Que MM. les étrangers, ou mieux que mesdames les « voitures étrangères » se le tiennent pour dit !

A LA PÉPINIÈRE

On avait parlé du transfert possible, sur un emplacemént moins central, de la caserne de la Pépinière. Il faut croire qu'il n'en est rien, car d'importants travaux y ont été entrepris récemment et les immenses bâtiments qui bordent la place Saint-Augustin viennent d'être recouverts, de la base au faîte, d'une épaisse couche de couleur d'un blanc éblouissant...

Construite par Goupil tout près de l'ancienne « voirie » des « Grésillons », non loin de l'une des pépinières royales, cette caserne fut d'abord destinée à servir de magasin d'armes à deux compagnies de gardes-françaises.

Que de générations de vaillants petits troupiers elle a abritées depuis ! Elle a même eu des hôtes étrangers de marque : témoin les célèbres musiciens du régiment de Préobrajensky, l'une des dernières « coqueluches » des Parisiens... et des Parisiennes !

La caserne de la Pépinière porte bien son nom et elle est là bien à sa place : c'est une « pépinière » féconde de serviteurs du pays.

LA POTERNE BEAUBOURG

Les travaux de voirie entrepris pour l'élargissement de la rue Beaubourg se poursuivent activement ; c'est en ce moment du côté droit de la maison portant le numéro 33 de ladite rue que s'exerce la pioche municipale.

Ce fut jadis le logement d'un avocat au Parlement, avant de devenir un atelier pour la frappe des monnaies révolutionnaires, et d'où sortirent, notamment, les gros sous de la première république, ceux que l'on fondait avec les cloches des églises, des couvents et des monastères « laïcisés ».

Les assises de cette maison furent édifiées sur les restes du mur d'enceinte que fit construire Philippe-Auguste et qui donna droit de cité à l'ancien « Beau-Bourg », village assez important de la banlieue parisienne.

La poterne dite de Nicolas Hydron en commandait l'entrée...

Nous ne savons maintenant si jadis ce « bourg » était beau.

Il est en tout cas, bien laid maintenant !

LES « VAURIENS DE LA GRAFIGNADE »

Ceci n'est pas le titre d'un roman à la Pixérécourt ou à la Ponson du Terrail... Il s'agit tout bonnement de la place Saint-Michel, laquelle, attaquée à la fois par la future ligne électrique du P.-O., au Nord, et le boulevard Danton, au Sud, ressemble à un vaste camp retranché. Courtines, redans, fossés et bastions : rien n'y manque.

Ce coin de Paris — le savait-on ? — fut le berceau de notre actuel marché des « Pieds humides ». C'est, en effet, sur le sol de la place Saint-Michel que se tinrent, pendant longtemps, les ventes par autorité de justice.

Huissiers d'une part, fripiers et revendeurs — ces derniers connus sous le désobligeant sobriquet de « Vauriens de la Grafignade » — de l'autre, s'y donnaient rendez-vous pour procéder à leurs petites affaires.

Vers l'an 1750, les ventes par autorité de justice

furent transférées au Chatelet; tous les habitués de la place Saint-Michel traversèrent l'eau et la « Grafignade » devint la clientèle attitrée de l'inoubliable cabaret du *Veau qui tette*, disparu à son tour pour faire place à l'hôtel de la Chambre des Notaires.

Quant aux « Vauriens de la Grafignade »... nous voulons croire qu'ils ont, eux aussi, tout à fait disparu....

____

GASTRONOMIE A BON MARCHÉ

Le quartier de Saint-Séverin est en pleine voie de transformation. C'était autrefois le paradis de la rôtisserie — partant l'enfer des poulets, canards, oies et dindons — et l'on y rencontrait à foison les établissements culinaires spéciaux où l'on pouvait, sans bourse délier, contempler les volailles dorées et ouatées de lard, empalées sur de gigantesques tourne-broches.

Trois de ces rôtisseries avaient subsisté jusqu'à nos jours. L'inflexible alignement vient de les faire disparaître, emportant le dernier souvenir de la *Lamproie sur le gril*, de la *Hure* et du *Pigeon fin* qui étaient célèbres dans le monde entier et dont Rabelais et Montaigne ont parlé avec complaisance...

Les pauvres hères du quartier venaient manger leur pain — quand ils en avaient — à l'odeur succulente des rôtis qui se prélassaient à ces gastronomiques devantures...

Il leur faut, aujourd'hui, traverser les ponts et aller respirer l'air embaumé des soupiraux des Chevet et autres Potel et Chabot.

Tout passe... les pauvres hères demeurent !

LA CROIX SAINT-SIMON

Aux alentours de la barrière de Montreuil un tertre s'élevait — nous l'y avons encore vu il y a une trentaine d'années — qui était surmonté d'une rustique croix de fer. Suivant une légende fort accréditée dans le quartier, un garçon boucher du nom de Simon passait là, un beau soir, porteur d'une forte somme qu'il venait d'encaisser pour son patron, lorsqu'il fut soudainement attaqué par trois malandrins. Quoi qu'il fut seul et sans autre arme qu'un solide gourdin, Simon se mit en devoir de défendre le dépôt dont il avait la garde et le lendemain on retrouvait sur la place quatre cadavres, dont celui du garçon boucher qui était mort avec les honneurs de la victime, car sa sacoche était intacte.

En mémoire de cet acte de bravoure et de fidélité, le patron du courageux Simon acheta le terrain où s'était déroulé ce drame nocturne et y planta, sous le vocable de Saint-Simon, la modeste croix dont ce double souvenir subsiste : d'abord comme enseigne d'un marchand de vins voisin, ensuite comme dénomination d'une rue latérale que l'on va prolonger jusqu'à la rue des *Maraîchers*, dite jadis des *Quatre-Pardons* et qui doit son actuelle appellation aux cultures maraîchères qui ont longtemps fait la fortune de ce coin reculé du Paris Extrême-Orient.

PETITES GLOIRES PARISIENNES DU PASSÉ

« Se souvient-on de l' « échassier » Sylvain Dornon qui, c'est le cas de le dire, fit jadis courir tout Paris.

C'est par une froide matinée du mois de mars 1891, que l'ancien berger des Landes, quitta, au milieu des ovations populaires, la place de la Concorde pour établir le record peu banal Paris-Moscou, sur échasses, en cinquante-deux jours.

Après avoir eu son heure de célébrité, Dornon a pris sa retraite ; descendu des hauteurs où il planait jadis... et de ses échasses, il exerce présentement, à Arcachon, le placide métier de boulanger ; mais ses jambes ne se sont pas rouillées, et nous reverrons à Paris, lors de la prochaine exposition, monté sur ses longs bâtons, le « précurseur de l'alliance franco-russe », comme le qualifient volontiers les gens du pays où, contrairement au proverbe, il est resté prophète.

En attendant, le brave Dornon est toujours — ceci en tout bien tout honneur ! — dans le « pétrin »... malgré ses échasses.

18.

CE QU'IL RESTE DE LA BASTILLE...

Le croirait-on ? La Bastille dont on célèbre chaque année, au 14 juillet, la chute définitive, n'a pas totalement disparu.

La Bastille est toujours debout !

Pour s'en assurer, il suffit de suivre la rue de Lesdiguières, à gauche du boulevard Henri IV, et de pénétrer dans la troisième maison de ladite rue. Là, au fond d'une cour étroite, un hangar s'élève le long d'une muraille à l'épais contrefort, aux larges assises de pierres de taille, qui n'est autre que l'ancien mur de ronde de la forteresse célèbre sur laquelle — jusqu'à M. Funck Brentano — on a débité tant de sornettes ou d'histoires à dormir debout.

La rue de Lesdiguières n'était, en 1789, qu'un long passage dont les issues étaient fermées par une double grille et qui avait été percé sur l'emplacement de l'Hôtel des Lesdiguières, où séjourna Pierre-le-Grand.

C'est par ce passage, que le peuple de Paris put s'introduire, le 14 juillet, dans les jardins du gouverneur de Launay, lesquels s'appuyaient sur le pan de mur encore visible aujourd'hui.

Le passage fut démoli en 1792; le vieux mur est toujours à sa place, malgré les travaux du futur *Métropolitain* qui doit, parait-il, passer par là.

LES BOUES DE PARIS

C'est un sujet d'actualité car on patauge en ce moment, à qui mieux mieux, dans les rues de la capitale.

D'après le *Géographe parisien*, un curieux opuscule paru en 1769, et dédié à M. de Sartines, Lieutenant de Police, le service de l'enlèvement des « boues et gadoues (*sic*) de Paris » coûtait cent mille livres par an.

Le même ouvrage ajoute que cette boue « noire « et délétère, d'une odeur insupportable aux *Etrangers* « *gers* — les parisiens avaient-ils donc moins de « flair » ? — laisse de si fortes taches sur les vêtements « ments qu'on ne saurait l'enlever sans emporter la « pièce, car elle brûle tout ce qu'elle touche, ce qui « a donné lieu au proverbe : il tient *comme boue de* « *Paris...* »

Nous voulons croire que ce tableau est un peu

poussé... au noir. En tout cas, la boue parisienne a *blanchi*... en vieillissant.

Elle est aussi devenue moins mal odorante et moins tenace... Seulement nous sommes loin des cent mille livres annuelles que son enlèvement coûtait du temps de ce bon M. de Sartines.

Il est vrai qu'on l'utilise de nos jours pour de savants épandages suburbains.

Toujours le système des compensations, quoi !

NOS KIOSQUES...

La petite révolution boulevardière qui a renversé les anciens « postes-vigies » est aujourd'hui un fait accompli.

Frais et pimpants, fiers de leurs trois étages — alors que leurs devanciers n'en avaient que deux — avec leurs dômes, genre « écailles de poisson », arrondis et percés de trois lucarnes, les nouveaux venus vous ont un air guilleret qui fait plaisir à voir...

Ceux qu'ils remplacent, vieux de cinquante ans environ, servaient d'abris aux agents chargés de surveiller les « corps de place », *vulgo* stations de fiacre. C'est sur leurs flancs transparents que s'exerça, à son début, la réclame par affiches lumineuses, dont les bénéficiaires étaient : la « Redingote grise, la chapellerie « A l'Hérissé », les « Amis du collège » et tant d'autres !

Aujourd'hui ces vieux kiosques sont à vendre un morceau de pain, que dis-je ? un morceau de bois... Seulement, voilà, ça n'est pas d'un usage journalier dans un ménage !

———

L'HOTEL ROYAUMONT

On vient de procéder rue du Jour, au dégagement d'une caserne de pompiers récemment construite sur les dépendances du petit hôtel Royaumont dont les élégants motifs de sculpture — chapiteaux, dessus de portes, mascarons et balcons jadis enfouis dans le fond d'une cour noire — se trouvent mis, de la sorte, en pleine lumière et en plein avantage.

L'hôtel Royaumont connut jadis des hôtes célèbres, dont le célèbre duelliste Bouteville qui devait payer de sa tête en Grève sa forfanterie suprême et dont les « seconds » dans son audacieux duel en plein jour de la place Royale furent le comte de La Berthe, qui y fut grièvement blessé et le comte des Chapelles, exécuté comme complice de Boutteville et le même jour que lui.

Restée veuve à vingt ans, la comtesse de Boutteville mit au monde, quelques mois après, un fils posthume qui devint le célèbre maréchal de Luxembourg.

Les raffinements de coquetterie dont s'entourait Mme de Bouteville sont fameux ; c'est elle qui exigeait, notamment, que les draps de son lit fussent toujours de lin écru, afin de paraître plus blanche...

Des goûts et des couleurs...

LE CHATEAU-ROUGE

On sait que le cabaret de la rue Galande, désigné sous le nom de « Château-Rouge », va sombrer sous peu pour le percement de la rue du Dante prolongée, et chacun connaît — au moins de réputation — ce « bouge » très couru dans le monde de la basse pègre et honoré également des faveurs de la police qui y opéra plusieurs prises retentissantes.

La « Salle des Morts » de ce repaire occupait le sous-sol d'un vieil hôtel aristocratique — quelle chute ! — où la légende prétend que Gabrielle d'Estrées aurait séjourné.

La vérité est que ce coin de Paris fit jadis partie du fief de la famille de Garlande et fut affectée, en 1118, par l'un de ses rejetons, Etienne de Garlande, à la dotation de la chapelle établie par les chanoines de Saint-Aignan, l'antique église d'Orléans.

La maison de Garlande s'éteignit en la personne d'Anselme de Garlande, prévôt de Paris en 1191. Ses biens passèrent, par suite d'une alliance, dans la famille de Montmorency.

Le Château-Rouge, on le voit, avait ses parchemins... Mais dégradés, ô combien !

POUR LAMARTINE

On vient de le « couler en bronze » à Belley et on connaît les belles manifestations auxquelles cette inauguration a donné lieu.

Ne serait-ce pas l'occasion, pour le Comité des inscriptions parisiennes, de faire apposer une plaque sur l'immense immeuble qui a remplacé le « cottage » de Passy où Lamartine termina ses jours ?

A deux pas de l'ancien *Fleuriste* de la Muette, la Ville possédait un chalet rustique, enfoui sous la verdure et entouré d'un jardin aux frais ombrages, où elle offrit au poète terrassé par l'âge et par la maladie une hospitalité qui devait se terminer trop vite...

Après sa mort, le chalet demeura longtemps abandonné ! La Ville, ne parvenant pas à le louer, le fit abattre et vendit le terrain... Mais combien peu se rappellent aujourd'hui que c'est là que Lamartine, promena ses derniers pas découragés.

Les admirateurs du poète de *Jocelyn* passent là sans se douter, peut-être, qu'il y vécut ses plus tristes années...

Allons, MM. les membres du Comité des *Inscriptions Parisiennes* !... faites-lui donc l'aumône d'une petite plaque commémorative !

UN « CHAMP CLOS » ARTISTIQUE

On sait que la Ville a accordé au sculpteur Rodin l'emplacement qu'il demandait pour l'exposition de ses œuvres en 1900. C'est le square Jean-Goujon, à l'angle de l'avenue Montaigne et du Cours-la-Reine.

Cette exposition privée, on peut en être assuré d'avance, ne passera pas inaperçue... Elle ressuscitera sans doute les vieilles querelles qui eurent précisément pour théâtre, en 1867, ce même coin de Paris, voué décidément aux manifestations artistiques sensationnelles.

C'est, en effet, en ce même « champ clos » que, grâce à des souscriptions particulières, s'éleva pour quelques mois un modeste pavillon fait de planches et de vitres mal jointes, — quelque chose comme une baraque de photographie foraine, — où Gustave Courbet et Manet exhibèrent leurs œuvres, auxquelles les portes officielles de l'Exposition universell du Champ de Mars avaient été impitoyablement fermées.

Cette exposition déchaîna les passions, et il y eut parfois des velléités d'émeute aux alentours de la *baraque impressionniste*, que le « gros public » se refusait à prendre au sérieux.

Mais ceci se passait en 1867, et depuis!...

A LA PITIÉ

Suivant le sort de sa voisine Sainte-Pélagie, la Pitié va mordre à son tour la poussière : ainsi en a décidé un vote récent du conseil municipal.

Le vieil hôpital aux hautes murailles lépreuses fut fondé en 1621 sur le versant de la « Butte Copeau» — la rue Lacépède en a longtemps gardé le nom — dont le sommet est, de nos jours, couronné par le belvédère du Jardin des Plantes. La Pitié avait été créée pour servir d'abri aux vieux mendiants, bientôt appelés les *Enfermés*. On y reçut ensuite les enfants pauvres, de quatre à douze ans, qui étaient mis en apprentissage sitôt après leur première communion, puis elle passa dans le domaine de l'Hôpital-Général dont les autres maisons étaient la Salpêtrière, Bicêtre et le Saint-Esprit.

La Révolution, sans *pitié* dans ses actes, avait débaptisé l'hospice de la Pitié pour lui donner le nom des « Enfants de la Patrie »...

L'influence de la *Marseillaise*, sans doute !

LE « CHATEAU VERT » ET LA GRANGE AUX « PELLES »

Les deux immeubles, que par une singulière coïncidence, le feu vient de dévorer, à quelques heures de distance, dans le même quartier, ont chacun leur petite page dans l'histoire du vieux Paris.

La fabrique de couleurs incendiée au 182 du faubourg Saint-Martin occupait l'emplacement de l'ancien « Château-Vert », dépendance d'un immense domaine ayant appartenu aux ducs de Lorge et que le régent utilisa pour ses plaisirs. Il s'y organisa souvent des parties de chasse... dont les buttes « Saint-Chaumont » marquaient généralement le terme.

Les ateliers de carrosserie détruits à l'angle des rues des Écluses-Saint-Martin et Grange-aux-Belles étaient voisins d'un ancien « théâtre d'élèves » connu sous le nom de salle Génard. Primitivement, c'est là que s'élevait la grange aux « Pelles ».

Le nom de « Pelle » ou « Pellée » signifiait une mesure de bois mort, dont on a fait, par enjolivement, grange aux « Belles »... C'est plus gracieux, sans doute, mais grange aux « Pelles » ne manquait pas de cachet, cependant...

Qu'en pensent MM. les cyclistes ?

LE « CAMP DES TARTARES »

Il était, au Palais-Royal, le voisin du « marronnier de Cracovie » dont nous avons déjà dit un mot, et c'est la galerie d'Orléans, ouverte en 1829 sur les dessins de Fontaine, qui l'a remplacé.

C'était un caravansérail bizarre où se rencontraient les industries et les plaisirs les plus variés : le fameux « 113 » dont Balzac a perpétué le souvenir de son immortelle *Peau de Chagrin* ; les Fantoccini ; les Ombres Chinoises de Séraphin ; les figures en cire de Curtius... sans parler des boutiques de lingères, modistes et autres « marchandes de frivolités ».

C'est en parlant de ce caravansérail que Delille a écrit :

> Dans ce jardin tout se rencontre
> Excepté l'ombrage et les fleurs ;
> Si l'on y dérègle ses mœurs
> Du moins on y règle sa montre.

Hélas, de nos jours, le Palais-Royal ne sert même plus à régler nos montres...

Les horlogers qui, jadis avec le célèbre petit canon, en faisaient la parure, l'ont abandonné à tour de rôle.

LA FIN D'UN TÉLÉGRAPHE

Le conseil municipal vient de décider qu'une somme de 112,000 fr. serait affectée à la réfection partielle de l'antique église de Saint-Pierre de Montmartre qui tombe en ruines. Les amis du Vieux-Paris ont enfin, de ce chef, obtenu gain de cause.

C'est par la restauration de ce qui reste de la tour surmontant le « Chœur des Dames » que les travaux commenceront. Sur le sommet de cette tour l'inventeur Chappe éleva son premier télégraphe aérien ; il reliait la capitale à la ville de Lille, et c'est par les premiers signaux de ses grands bras, battant allègrement l'espace, que les Parisiens apprirent la nouvelle de la victoire de Wattignies... C'était un heureux début !

La tour de Saint-Pierre s'étant à demi effondrée, on transporta le télégraphe sur sa voisine, la « Tour Solférino », à l'est de la Butte. Cette dernière, qui eût servi de point de mire aux obus de l'ennemi, fut abattue au commencement du siège de Paris, en 1870.

Dans la cage de l'escalier en « colimaçon » qui conduisait jadis à la plate-forme de la tour de Saint-Pierre, on peut encore voir l'arbre, la roue et les supports de l'ancien télégraphe aérien, qui gisent là, pantelants et délabrés, et attendant le coup de grâce final.

Quel autre sort peut bien leur réserver notre siècle de télégraphie... sans fil ?

LA FONTAINE DESAIX

Si l'on fait droit au vœu qui vient d'être émis par la commission du Vieux-Paris, la fontaine Desaix sera réédifiée sous peu au square des Invalides.

Ce monument, qui se ronge d'ennui... et de vétusté dans les magasins de la Ville à Auteuil, avait été élevé, en 1803, sur la place Dauphine, d'après les dessins de Fontaine et Percier.

Il représente la figure de la France couronnant le buste de Desaix porté sur un cippe. Deux Renommées gravent les noms des batailles où il s'est illustré.

Sur l'une des faces du monument se lit l'inscription suivante : « Allez dire au premier Consul que je meurs avec le regret de n'avoir pas assez fait pour la postérité. »

Une autre tablette de marbre porte ces mots, à demi effacés par le temps : « Les ennemis l'appelaient le Juste ; ses soldats, comme ceux de Bayard, Sans Peur et Sans Reproche. Il vécut, il mourut pour sa patrie. »

Lors de l'achèvement du palais de Justice et de la rectification de la rue Harlay, en 1872, la fontaine fut « provisoirement » déplacée...

Ce provisoire aura duré près de trente ans.

LE CHATEAU DE MONTRETOUT

L'ancien domaine Pozzo di Borgo, qui, sur le flanc de la colline de Montretout, forme une oasis de verdure avec des échappées surprenantes sur le panorama de Paris, vient d'être mis en vente et dépecé en « lots » ouverts à toutes les bourses.

C'est, on le sait, en cet endroit que se plaça l'un des épisodes les plus tragiques de l'année terrible. Abandonné au début de l'investissement, le château Pozzo di Borgo fut repris, le 19 janvier 1871, par les francs-tireurs des Ternes unis aux mobiles de la Loire-Inférieure, commandés par le baron de Lareinty, en même temps que la villa Armengaud, le château de Béarn et la maison du sulpteur Dantan.

Une redoute y fut établie et l'ennemi se trouva rejeté dans le fond de Saint-Cloud ; mais les batteries allemandes de l'hospice Brézin et du haras Lupin crachèrent une pluie d'obus sur la batterie désarmée, qui dut être bientôt abandonnée. Le château de Montretout fut incendié la veille de l'armistice.

Il ne s'est pas relevé de ses ruines, et aujourd'hui les arbres séculaires qui l'entouraient de leurs vertes frondaisons — derniers témoins de ces heures cruelles ! vont disparaître à leur tour.

Etiam perierunt ruinæ !

LE CIMETIÈRE DU BOIS DE BOULOGNE

Bien peu de Parisiens le connaissent, sans doute, et pourtant ce « champ de repos » s'étend à quelques mètres à peine d'un autre « champ » connu entre tous, aux jours de fastes hippiques, de solennités militaires — voire même de manifestations politiques ! — l'hippodrome de Longchamps...

En bordure de la route circulaire où se déploient les joutes cyclistes de l'annuelle et classique « course des artistes », à deux pas de la grande cascade, derrière un rideau d'acacias qui le dérobent aux regards profanes, un mur aux pans lézardés entoure un enclos de plus d'un hectare, fouillis de verdure et de ronces inextricables où se rencontrent, sous la mousse, quelques pierres tombales rongées de vétusté...

C'est là l'ancien cimetière de Boulogne, désaffecté depuis 1850 et que la Ville cherche en vain à exproprier, quelques concessions « à perpétuité » défendant à l'homme de mettre la main sur cet asile de la mort, voisin immédiat du champ clos où se déroulent, par instants, les manifestations les plus enfiévrées de la vie intense...

... Il y a des rapprochements !

RAFRAICHISSEMENT SÉNATORIAL

Les pères conscrits ayant fait place nette, la cour intérieure du Luxembourg s'est transformée en un véritable chantier.

La colonnade du faîte du palais, la toiture, le pavillon ouest et les statues qui ornent le perron central sont, en ce moment, aux mains des ouvriers qui vont les « rafraîchir ».

M. Fallières répare les oublis de M. Loubet... Mais, du fond de leur demeure dernière, Marie de Médicis et son architecte Jacques Desbrosses qui, déjà, avaient tressailli devant l'œuvre de restauration entreprise par Chalgrin au commencement de ce siècle, doivent nourrir de nouvelles inquiétudes au sujet des « embellissements » projetés.

C'est qu'hélas ! on ne se contente pas, à notre époque,

De réparer des ans l'irréparable outrage...

et les nécessités pratiques de notre fin de siècle n'ont, trop souvent, rien à voir avec les conceptions de pure esthétique...

Les temps sont durs...

LE « DELTA »

Quelques arbres séculaires, deux ou trois massifs, une minuscule « pièce d'eau... » voilà tout ce qu'il reste, à l'angle du faubourg Poissonnière et de la rue du Delta, de l'ancien jardin qui, avec ses huit arpents boisés et ses « montagnes égyptiennes » — les russes ne devaient venir que plus tard — firent les délices de nos grands oncles.

C'était au lendemain de la campagne d'Egypte et tout ce qui se réclamait du pays des Pharaons jouissait d'une vogue assurée ; ce fut le cas du « Delta » et la renommée de cet établissement chorégraphique fut telle qu'une rue limitrophe en prit le nom. Elle l'a conservé.

Sur les ruines du « Delta » un hôtel s'édifia qui fut habité par François de Neufchâteau, poète, agronome, jurisconsulte et homme d'Etat, tandis que le pavillon détaché du parc abrita longtemps Sari, l'ancien directeur des *Délassements-Comiques*.

Le jardin où le colonel de Labédoyère fut arrêté sous la Restauration, fut, par la suite, morcelé. On y éleva entre autres constructions, une immense tannerie ; c'est celle que le feu vient de détruire jetant la panique dans tout le quartier...

LE PASSÉ DE « LA MUETTE »

On a parlé de la vente de la Muette ; il n'en sera rien. M. de Franqueville, son propriétaire actuel, s'est borné à aliéner quelques mètres carrés de l'un des potagers dépendant de son parc, que la Ville lui a demandés pour y prolonger le boulevard Emile Augier et percer la rue Octave-Feuillet.

C'est le cas de rappeler que ce domaine admirable n'était, à l'origine, qu'un simple rendez-vous de chasse où l'on conservait les « Mues » — d'où le nom de la *Muette* — des cerfs forcés dans la forêt voisine, notre actuel Bois de Boulogne.

Embellie par le Régent, la Muette devint le séjour favori de sa fille, la duchesse de Berry.

Ce fut l'époque la plus brillante du château de la Muette ; fêtes et plaisirs n'y chômèrent point. La princesse aimait les jours rapides et les nuits longues, si bien que son printemps n'eut point d'été, et le château silencieux, veuf de sa belle maîtresse, ne se réveilla que le jour où Louis XVI y reçut Marie-Antoinette qui arrivait de Vienne.

C'est là que l'infortuné monarque signa « l'édit de la Muette » par lequel il renonçait au droit de joyeux avènement.

Les affaires publiques rappelèrent bientôt Louis XVI à Versailles ; la Muette fut abandonnée ; le roi y revint néanmoins tous les ans au mois de mai, et c'est de là qu'il se déplaçait pour aller passer, dans la plaine des Sablons, la revue des Gardes Françaises et de la Garde Suisse.

En 1783, toute la cour y assista aux expériences aérostatiques de Pilâtre des Roziers et du marquis d'Arlandre.

Le 14 juillet 1790, la Muette fut attaquée par une bande furieuse échappée des faubourgs et eut à subir un pillage en règle...

Les temps étaient proches... Et la Muette devait, bien peu de temps après, sortir à tout jamais du domaine de la Couronne... pour passer dans celui de la musique, en la personne de Sébastien Erard, facteur de pianos et homme de goût qui a su réunir là une galerie précieuse de tableaux ayant comme perles le *Benedicite* de Rembrandt et le *Christ aux Oliviers* de Van-Dyck.

A L'INSTAR DE LUCRÈCE

On connait la fin lamentable d'une vieille maison de la rue de l'Epée de Bois qui vient de s'écrouler misérablement sous le poids des années...

C'était la dernière survivante du vétuste enclos dit des « Patriarches » dont le nom est demeuré attaché à un marché du voisinage qui, en fait d'élégance, ne rappelle que de très loin le marché de la Madeleine.

Là s'élevait jadis l'Hôtel de Guillaume de Chanac, évêque de Paris — alors que l'archevêché de Sens servait de métropole à la Capitale — devenu *patriarche* d'Alexandrie, et du Cardinal Bertrand de Chanac, son neveu, *patriarche* de Jérusalem.

L'enclos des Patriarches relevait de l'abbaye de Sainte-Geneviève à laquelle il devait 3 livres 4 sols de rente et une dîme de treize setiers de vin. Faute de payement de ces redevances, il y eut saisie et adjudication au profit de Thiébaud Carrache, bourgeois de Paris, le 14 juillet 1443.

Plus tard une auberge s'ouvrit là qui avait pour enseigne « A l'Epée de Bois » et qui a laissé son nom à la rue sur laquelle elle donnait.

Menacée d'une expropriation prochaine pour le percement d'une voie qui doit réunir le boulevard Saint-Michel à la rue Monge, à travers le sordide quartier Mouffetard, la vieille maison de l'*Epée de Bois* a préféré se passer... l'épée à travers le corps ! Elle est partie d'elle-même, s'écroulant volontairement sous son propre poids, pour éviter le déshonneur suprême de la main de l'homme.

Les maisons de Paris ont ainsi leurs... Lucrèces, ou leurs Vatels...

A PROPOS DE PATINS

On s'est remis à patiner ferme, paraît-il, au bassin de la « Flottille » et la *Petite Venise* — c'est-à-dire le grand canal du parc de Versailles où le Roi-Soleil entretenait une équique de « matelots » pour le soin de ses gondoles — fait en ce moment fureur.

Flottille, matelots et gondoles ont disparu... et le canal abandonné ne sert plus guère — c'est le cas présent — qu'aux ébats des fervents du patin qui trouvent là une glace d'un « poli » incomparable.

L'avenue des Matelots et la gare du même nom, affectée au service stratégique du génie militaire, conservent encore le souvenir des gens de mer que Pierre Salicon, « maître-bâtisseur » des vaisseaux du Roi, y amena du Havre, le 1ᵉʳ avril 1726, pour monter la flottille royale...

Mais ce n'est plus qu'un souvenir très... flottant.

LE DERNIER PASSAGE A NIVEAU DE PARIS

> Mieux vaut
> rester au passage à niveau, —
> on est très bien en carriole...

C'est, on le reconnait, le refrain d'une des plus jolies *Chansons des trains et des gares* de Franc-Nohain.

L'auteur a placé dans un site rural, celui d'un lointain village, son passage à niveau. Il aurait pu le rencontrer, sans aller si loin, en plein Paris, à quelques centaines de pas de la gare Montparnasse : c'est le passage de la rue de la Procession. On peut y voir la double barrière de bois à claire-voie, pivotant sur son axe, avec son préposé armé de la corne et du drapeau traditionnels. Et ce n'est pas une sinécure que ce poste de garde-barrière parisien. Le « Saint-Lazare » de la rive gauche expédie une moyenne de trois cents trains par jour, sans parler des manœuvres, et l'on juge des entraves que cause à la circulation ce malencontreux passage.

Il avait un collègue, le garde de la rue de la Procession : celui-ci « siégeait » au passage de la rue du Château, un peu plus loin ; on l'a supprimé, lui aussi, depuis peu et on a fait faire à la rue du Château un savant crochet grâce auquel elle vient enjamber le chemin de fer au moyen d'un pont surélevé qui réunira désormais d'une façon permanente les XIVe et XVe arrondissements qui, sans souci du pittoresque, se frottent les mains... en se donnant le bras !

SUR UNE PLAQUE DE MARBRE NOIR...

Qui se souvient encore de Ben-Ayet, le richissime ministre de la guerre tunisien, dont les tracasseries de dame Thémis remplirent presque toute l'existence, et qui, réfugié à Paris, y mourut il y a une trentaine d'années, après y avoir fait, entre autres emplettes, celle du passage du Saumon — un disparu d'hier, celui-là ?

Or, voilà que, tout à coup, le nom de Ben-Ayet — Ben-Aïad, en tunisien — sort de l'oubli pour s'inscrire, en belles lettres d'or, sur marbre noir, à l'entrée de la galerie latérale qui réunissait le passage du Saumon à la rue Saint-Sauveur, et qui, épargnée par le démolisseur, vient d'être classée au rang des voies nouvelles de la capitale.

On vient de poser la plaque en question et, désormais, grâce à cette investiture officielle, le nom de Ben-Ayet vivra dans la mémoire du parisien, oublieux ou indifférent.

Elle s'amorcera à une rue nouvelle qu'on dénommera sans doute, du Saumon, et qui ne se compose encore que de deux palissades...

Petit *Saumon* deviendra grand.

LE JARDIN DE LA RUE PLUMET

C'est en vain que l'on chercherait ce coin de Paris mystérieux — où se déroule l'une des scènes les plus empoignantes des *Misérables* — sur le plan de la capitale moderne.

La rue Plumet a disparu : c'est aujourd'hui la rue Oudinot. Quant au jardin légendaire, il en reste peut-être encore quelques vestiges — deux ou trois tilleuls malingres et rabougris — dans le fond d'une cour étroite, derrière une vieille maison qui fait l'angle de la rue Vaneau et qui est d'ailleurs soumise à une expropriation prochaine, ainsi qu'en font foi les affiches blanches apposées sur ses murs.

... Cosette et Marius auraient peine à s'y reconnaître ; demain, ils ne s'y reconnaîtront plus du tout !

LA RUE CI-DEVANT VERTE

On est en train de bouleverser de fond en comble la rue de la Boétie, qui sera bientôt l'une des plus belles et des plus spacieuses de la capitale, par l'expropriation des immeubles portant les numéros 17 à 29, entre les rues Cambacérès et Miromesnil.

La rue de la Boétie, qui jadis menait à la « Pépinière » royale du Roule — elle en portait le nom avant de prendre ceux d'Abbatucei et de son remplaçant actuel, le compatriote de l'ami de Montaigne, — traversait un marais coupé de verdoyants vergers, dont sa voisine la rue *Verte,* aujourd'hui rue de Penthiévre, a longtemps rappelé le souvenir. Entre ces deux voies s'étendaient d'immenses jardins, dont l'un occupait le terrain que menace l'expropriation actuelle et dépendant du bel hôtel de Bachmann.

Cette « maison de qualité », voisine d'un logis plus modeste qu'habita un instant Bonaparte avant le 18 Brumaire, s'ouvrait sur la rue *Verte* et eut pour dernier propriétaire M. de Bachmann-Anderletz, Suisse au service de la France, qui mourut général et presque nonagénaire, en 1831.

Que de souvenirs remués, en quelques lignes, à la pelle... et à la pioche du démolisseur !

MATÉRIAUX DE DÉMOLITIONS A VENDRE...

Sous les voûtes de l'ancien hôtel de la reine Hortense, rue Laffite, dans le chaos d'un choix varié de plaques de fontes, de statues, de boiseries, de cariatides à vendre, viennent de s'échouer — le hasard a de ces secrets! — les derniers vestiges du palais de Saint-Cloud échappés par miracle à l'incendie. Ce sont deux intéressants motifs de sculpture — l'*Agneau pascal* et l'*Eucharistie* — qui décoraient la chapelle des fonts baptismaux sur lesquels Bonaparte tint successivement le fils de Lannes et la fille de Junot, au lendemain du Concordat et en présence du cardinal Caprara.

Plus tard, le baptême du fils aîné du roi Louis eut lieu également en cette chapelle.

Etrange destinée que celle de ces vieilles pierres, témoins de tant de splendeurs passées, aux temps impériaux et qui viennent finir misérablement dans un « lot » d'objets provenant de démolitions à vendre, et cela sous les voûtes d'une ancienne résidence impériale elle-même.

LE « PONT AUX BŒUFS »

... Il n'a rien de commun avec le *Pont aux ânes*, célèbre dans le monde où l'on « potasse » la géométrie et contre lequel sont venus buter des générations entières de jeunes élèves... C'est simplement l'enseigne curieuse d'un cabaret de Vaugirard.

Imaginez une verte prairie avec, au premier plan, une demi-douzaine de ruminants — on sait que Vaugirard a longtemps été, en ce qui concerne la gent bovine, le grenier d'abondance de la Capitale ; dans le fond, le clocher pointu de la vieille église Saint-Lambert et, sur le côté, un pont rustique jeté sur un ruisseau aux ondes pures... — C'était, paraît-il, le tableau exact de ce coin de vieille banlieue, avant l'heure néfaste de l'annexion de 1860...

Aux pâturages ont succédé les pavés en bois ; le clair fossé est devenu le ruisseau de la rue d'Alésia. Quant aux bœufs de Vaugirard, il y a belle lurette qu'on a dû en faire — le quartier étant rempli de tanneries — des... tiges de bottes.

Cette petite restitution, par un pinceau naïf, de ce qui passait jadis dans ces parages, va bientôt cesser d'attirer les regards du passant charmé.

Le cabaret du *Pont aux Bœufs*, comme son voisin immédiat le *Petit Bonheur* — oh combien petit ! — va faire place aux culées d'un autre pont, en fer, celui-là, que la compagnie de l'Ouest s'apprête à jeter sur ses voies ferrées et qui a déjà reçu, à son tour, dans le quartier, le nom de « Pont aux Bœufs »... Il ne périra donc pas tout entier.

EN SOUVENIR D'AMBROISE THOMAS

On vient d'achever, au n° 57 du faubourg Poissonnière, la construction d'un bel immeuble dont la porte monumentale, suivie d'une longue voûte aux pierres de taille éblouissantes de blancheur et éclairée, le soir venu, par une profusion de lampes électriques, est surmontée du nom d'Ambroise Thomas, inscrit, non pas sur la banale plaque de fonte émaillée; mais en superbes lettres d'or...

Cette entrée, d'un fort remarquable ordonnancement architectural, donne accès à la rue récemment ouverte sur les terrains de l'ancien magasin des décors de l'Opéra, et à laquelle on a fort judicieusement donné, en raison de la proximité du Conservatoire, le nom du père de *Mignon*.

En franchissant le seuil de cette rue, gaie et riante au possible, plus d'un passant s'est surpris peut-être en train de fredonner le refrain célèbre :

C'est là que je voudrais vivre !...

bien de circonstances dans la rue... Ambroise-Thomas.

POUR FAIRE PLAISIR A M. DUMAY...

Un vieil hôtel qui faisait vis-à-vis à la « Direction des Cultes » et au cabinet de M. Dumay, vient d'être jeté bas pour l'élargissement de la rue de Bellechasse, dant l'étranglement, en cet endroit, était déplorable au point de vue de la circulation.

Au temps du Grand Roi, c'était la propriété d'Hillerin-Bertin, celui-là même qui vendit à Louis XIV les terrains sur lesquels furent construits les Invalides.

Ensuite l'immeuble passa dans les mains de deux propriétaires d'inégale notoriété : le comte de Rubelles et le marquis de Galliffet, prince de Martigues, qui fut exproprié révolutionnairement, rentra dans ses biens sous la Restauration, et dont le nom devait, par la suite, faire quelque bruit dans le monde.

Cette trouée faite rue de Bellechasse va donner à la Direction des cultes l'air qui lui manquait...

Si elle pouvait, en même temps, lui donner un peu de saine lumière !

« L'HOMME AUX PIEDS NOIRS »

On connait, — pour peu qu'on aille parfois au *Bon Marché* — la fontaine bizarre qui fut placée en 1801 le long de l'ancien hôpital des Incurables, rue de Sèvres. Elle représente un « Pharaon » quelconque — on était tout à l'Egypte à cette époque — dont les mains tiennent chacune une urne d'où s'échappe, pour le plus grand bonheur des ménagères du quartier un mince filet d'eau.

C'est fort bien, mais depuis tantôt un siècle que fonctionne la fontaine, on n'a jamais, croyons-nous, nettoyé les pieds de la statue sur lesquels l'eau qui « dégoutte » sans cesse — ce n'est pas de l'eau de source ! — a fini par déposer une sorte d'enduit noirâtre, une couche de moisissure qui fait que ces vilains pieds ont l'air d'avoir été trempés dans l'encre...

Allons, MM. du service des Eaux! un petit coup de brosse de chiendent sur les pieds du « Pharaon » de la rue de Sèvres afin qu'il cesse de mériter de porter, dans le quartier, le fâcheux sobriquet d'« homme aux pieds noirs ».

LES « TROIS PONTS SUR SEINE »

Il s'était fondé, sous ce titre, en 1800, une société emphythéolique au capital de trois millions dont le privilège devait finir avec l'année 1899, et qui avait pris à sa charge la construction de trois ponts, moyennant le droit d'y percevoir un péage de cinq centimes par personne. C'étaient le pont du Jardin des Plantes, le pont de la Cité, le pont des Arts, tous trois formés d'un large tablier métallique et dont le constructeur fut l'ingénieur Becquey-Beaupré.

La liste des administrateurs de la « Société des Trois-Ponts » — dont les actionnaires n'ont pas eu à se plaindre — contient entre autres noms intéressants, ceux de Delorme, de Crousaz-Crêtet, Le Couteulx de Caumont, de Ladoucette, de La Villontreys, Le Chevalier de la Vieuville, d'autres encore, tous connus et estimés de la société parisienne.

Inutile d'ajouter que depuis longtemps la Ville a

racheté, à bons deniers comptants, les péages qu'elle avait concédés il y a cent ans.

Ces pont de fer sont devenus affaire d'or!..

Deux d'entre eux ont disparu pour faire place à la pierre de taille ; le dernier survivant est celui qui sert d'avenue à nos Immortels pour les conduire sur le Coupole.

C'est le pont des Arts qui depuis longtemps a cessé d'être *payant* au sens administratif du mot, mais où l' « Aveugle » fameux — un autre immortel celui-là ! — perçoit « de père en fils » un péage qui n'est d'ailleurs pas tarifé.

— Les mauvaises langues prétendent d'ailleurs que l' « Aveugle » sait parfaitement « reconnaître » les bons et les mauvais payeurs !

LA PLUS PETITE RUE DE PARIS

*Au haut de la Montagne Sainte-Geneviève. — Une rue
qui n'en est pas une. — Le Clos-Bruneau. — Le
Collège de Reims. — Une belle carrière.— Sainte-
Barbe.*

Où est-elle ? que j'y coure (suivant la formule
d'une chemiserie fameuse qui, si elle fait aussi bien
la lingerie que la réclame, doit être hors de pair).

Quelle est-elle? Quel est son nom ?

Elle s'appelle rue de Reims, et loge en haut de la
Montagne Sainte-Geneviève. C'est une rue qui n'a ni
maison, ni chaussée, ni trottoirs, qui ne mène à rien,
qui ne vient de nulle part... un fantôme de rue,
quoi !

Pour toute étendue, elle n'a que celle de la plaque
de fonte émaillée bleue qui révèle son existence au
passant surpris.

Lorsqu'après avoir escaladé la butte du Panthéon on s'engage dans l'impasse Chartrière dont un buste d'Henri IV décore l'entrée — on se demande pourquoi ? — on longe un instant l'ancien « Clos-Bruneau ». Dans son « Paris-Inconnu », Barbey d'Aurevilly — un « ancêtre » et un maître pour ceux que captive notre vieux Paris — en a parlé ; ce fut jadis un vignoble renommé puis un cimetière...

Quelques pas encore à travers un ruisseau fangeux : vous voilà au bout de votre peine. Scellée sur le mur de fond du collège Sainte-Barbe, se découvre la fameuse plaque municipale qui vous indique, sans transition, que vous êtes en pleine rue de Reims.

Il y a quatre ou cinq ans à peine, cette « rue » avait un débouché dans la rue Valette et par là vers le Panthéon ; mais Sainte-Barbe ayant pris de l'embonpoint a absorbé son sol sous ses nonvelles constructions, et on n'a laissé sans doute subsister son nom que pour rappeler le souvenir du « Collège de Reims » fondé en 1409 par Guy de Roye, archevêque de Reims, et dont l'un des premiers maîtres fut Gerson, l'auteur présumé de l'*Imitation de Jésus-Christ*.

Le Collège de Reims, après une belle carrière de près de quatre siècles fut cédé, en 1763, à l'Université et supprimé en 1792 pour devenir Sainte-Barbe.

La rue de Reims n'en existe pas moins... et le facteur qui l'a dans sa « tournée » jouit là d'une jolie sinécure....

Ce doit être une rue pour facteurs en retrait d'emplois...

LA TOUR DU VERT-BOIS

Le dégagement qui s'effectue en ce moment des bâtiments du Conservatoire des Arts et Métiers va avoir, entre autres heureux résultats, celui de mettre en pleine valeur, la ravissante tour dite du *Vert-Bois* dont le nom rappelle les verdoyantes frondaisons qui ombrageaient jadis l'enclos de l'abbaye de Saint-Martin.

En 1877, la tour du *Vert Bois* faillit se laisser abattre par les vandales de la préfecture et il ne fallut rien moins qu'une énergique protestation de Victor Hugo pour sauver la tour.

« Démolir la tour, non ! écrivait le poète des *Châtiments*. Démolir l'architecte, oui ! »

Les deux furent épargnés...

En face de la tour du *Vert-Bois* se dressait hideuse, aux temps moyenageux, l'échelle patibulaire de Saint-Martin des Champs : des « petits-maîtres » en goguette la brûlèrent une nuit sous Louis XV. Elle fut d'ailleurs bientôt rétablie par le Prieur.

C'est aujourd'hui le théâtre de la « Gaîté » qui fait vis-à-vis à l'ancienne abbaye.

On y joue alternativement *Orphée aux Enfers*, le *Grand Mogol*, *Tartarin sur les Alpes*, ou le *Voyage de Suzette*...

Voici encore un contraste.

LES DEUX TRUANDERIES

Les rues de la *Grande* et de la *Petite-Truanderie* qui existaient déjà, avec leur domination bizarre, au XIIIe siècle, sont en ce moment sens dessus dessous.

La *Petite* va être supprimée purement et simplement. Plus heureuse, la *Grande* se contentera d'un savant alignement entre les rues Mondétour et Pierre-Lescot, au carreau des Halles.

Ces deux rues à l'angle desquelles se voyait jadis le célèbre *Puits d'amour* à la margelle homicide, faisaient partie du petit fief Thérouanne cédé à Philippe-Auguste par Adam, archidiacre de Paris, puis évêque de Thérouanne en Artois.

L'emplacement qui n'était pas nécessaire à la construction des murs de l'enceinte nouvelle fut bientôt envahi par les gueux, mendiants et *truands* qui en firent une seconde cour des Miracles.

Il n'y a plus de *truands*; mais il reste encore... autre chose et, le soir venu, la physionomie du quartier n'est pas des plus engageantes.

Les blouses blanches de la ville, maçons et piqueurs de travaux, vont nous changer tout cela.

LE BUREAU DES COCHES

Le croirait-on ? Il existe encore, en plein Paris, en cette fiévreuse aube de siècle vouée à la vapeur et à l'électricité, une « Administration générale des coches »...

Cette archaïque inscription peut se déchiffrer encore — non sans quelque peine, il est vrai — sur le fronton d'un petit édicule carré, le long du quai Saint-Bernard.

C'est là que se délivrait jadis, à la foule avide, les billets pour les coches faisant le service de Corbeil et d'Auxerre... La vapeur a changé tout cela, mais il faut remarquer que, dans le bouleversement général qu'elle vient d'opérer sur nos quais, la compagnie d'Orléans a soigneusement respecté « le bureau des coches », ancêtre direct de nos modernes chemins de fer.

Serait-ce par piété filiale ?

LE MONDE EN TRAVAIL D'ARGENT

C'était sous cette enseigne, vieille de plusieurs siè-cles et curieuse entre toutes, que s'abritait une *hostel-lerie* située à l'entrée de la rue Saint-Médard et dont « l'utilité publique » a résolu la mort.... sans phrases.

Le « tableau-réclame » de l'auberge figurait Atlas, peinant sous le poids du globe, le front couvert d'une sueur s'égouttant en beaux écus de métal blanc. Elle avait dans sa naïveté amusante, une portée philoso-phique intense.

Le « monde en travail d'argent », mais cela n'a-t-il pas été la loi de tous les temps? N'est-ce pas notre moderne *struggle for life?*

C'est le cas de répéter : il n'y a rien de nouveau sous le soleil; bientôt il n'y aura qu'une vieille auberge de moins.

La rue Saint-Médard où elle montrait son enseigne, anciennement d'Ablon, tirait son nom primitif du

Domaine d'Ablon sur lequel elle fut ouverte en 1635 et dont les vignes, rivales, non pas de celle du Clos-Vougeot, mais de celles d'Argenteuil et de Suresnes... étaient dans le censive de l'abbaye de Sainte-Geneviève.

Les vendangeurs du « clos d'Ablon » ont fait place aux chiffonniers du clos Mouffetard.

Adieu paniers... place aux hottes !

LA CHAPELLE DU PALAIS-ROYAL
ET DE LA COMÉDIE

Désaffectée depuis 1870 — la dernière messe y fut célébrée le 10 juillet de l'année terrible — la chapelle du Palais-Royal était fort peu connue.

Une consigne sévère en interdisait l'accès et seul, peut-être, le président du conseil d'Etat pour lequel on en avait fait un salon de débarras, en connaissait le chemin.

Contiguë à l'ancien « Couloir des Souverains », par lequel l'Empereur et la famille impériale se rendaient au « Français », la chapelle s'appuyait au mur de fond de la scène de théâtre.

Le feu l'a épargnée ; l'eau ne l'a pas atteinte, et, à travers les vitraux, relevés depuis hier, des deux fenêtres donnant sur le « péristyle de Chartres », on peut voir désormais les fines arcatures de la chapelle et ses voûtes qui figurent un ciel bleu parsemé d'étoiles d'or...

Ce bleu tout près de tout ce noir... le contraste est saisissant.

———————

22.

COURCELLES OU PÉREIRE

La compagnie générale des Omnibus, à laquelle le Métropolitain va tailler des croupières, s'occupe de modifier certaines de ses lignes, d'en créer de nouvelles, d'en supprimer d'autres.

Elle pourrait peut-être profiter de cette occasion pour faire cesser une petite hérésie municipale dont elle s'est rendue coupable il y a une trentaine d'années et qui continue de plus belle.

Tout le monde connaît la ligne *A F*, celle qui réunit la plaine Monceau à la Butte Sainte-Geneviève ; elle a toujours suivi le même itinéraire — fort tortueux d'ailleurs —; ses voitures n'ont pas changé de modèle ; la couleur de ses rechampis est restée toujours la même ; plusieurs de ses conducteurs nous dit-on, datent de sa création... Nous n'avons pu vérifier le fait en ce qui concerne ces derniers mais il est absolument exact en ce qui concerne la « cavalerie » attachée à cette ligne et dont plusieurs *spéci-*

mens servaient déjà avant la guerre, les pauvres bêtes !

Rien qu'à les voir passer, on leur dirait... *assez* !

Bref, la ligne *A F* tient le record, sinon de la célérité, du moins de la fidélité. C'est la ligne, sinon la plus droite, du moins la plus réactionnaire de Paris, la plus... conservatrice.

Elle *conserve* même sur ses « listeaux » ce libellé bizarre — et c'est ici que nous protestons — de *Panthéon-Place Courcelles*.

Or jamais, à aucune époque la place *Courcelles* n'a existé.

C'est à la place *Péreire,* au coin de la *rue* de Courcelles que les voitures *A F* ont leur terminus... *Péreire,* entendez-vous, et non pas *Courcelles*?

Quel est le mot de cette petite énigme, et qui nous en donnera le fil... *conducteur* ?

En vérité la Compagnie, aux destinées de laquelle préside M. Boulanger, sénateur, financier et homme à l'âme exacte, paraît-il, devrait bien cesser de « mettre dedans » ses voyageurs, même ceux qui veulent monter... dehors.

Un petit coup de pinceau, s. v. p.

Rendez aux *Péreire* ce qui est aux *Péreire.*

Il est vrai qu'ils sont si riches !

AUTOUR DU MARRONNIER

...Vous devinez celui dont il s'agit : on en reparle chaque année régulièrement lorsque le printemps vient frapper à notre porte.

Fixons, à ce sujet, un petit point d'histoire parisienne, sur la cause exacte de la précocité du marronnier du 20 mars. On a parlé , entre autres légendes, de cosaques enterrés, en 1815, au pied de l'arbre, et dont les corps auraient été pour ses racines un merveilleux engrais... Pure fable que cela ! La vérité est que lors de l'aménagement fait, sur l'avis de Robespierre, de l'hémicycle en marbre blanc que précède le « carré d'Atalante », on rencontra dans le sol environnant toute une série de tuyaux de drainage et de « puisards » en maçonnerie, qui furent démolis par mégarde, à l'exception d'un seul : celui placé auprès de notre marronnier.

Le voisinage de ce « puisard », véritable petit réservoir d'air chaud et humide qu'il amène avec les eaux pluviales sous le sol, est, sans nul doute, la cause de la précocité habituelle de l'arbre légendaire qui, le « 20 mars 1815 », jour du retour de l'île d'Elbe, était tout en fleurs, alors que quatre ans plus tôt, le « 20 mars 1811 », l'éclatement de ses bourgeons coïncidait avec l'éclosion, dans le nid d'aigle d'en face, de celui qui devait être... l'*Aiglon*.

LES « PAPIERS » DU LYONNAIS

Le *Crédit Lyonnais*, trop à l'étroit dans sa ceinture de pierres, trouvant surtout qu'il n'avait pas assez de fond — nous ne disons pas de *fonds* — vient de s'élargir, par derrière, au détriment de plusieurs immeubles, entre autre le bureau de Poste de la rue de Choiseul.

C'est là que s'élevait jadis « l'hôtel de Saint-Chamans dont la célèbre cour ovale servait d'emplacement au musée d' « antiquités judaïques » de Strauss et d'où partait l'étroit boyau, connu sous le nom de passage de la Glacière qui, entre deux hautes murailles, conduisait au perron de l'hôtel Sartines.

C'était une pure merveille d'art que cette aristocratique demeure qui fut vendue, sous le Directoire, au marquis de Chalabre, ancien « banquier des jeux » de Marie-Antoinette et disparu il y a une cinquantaine d'années à peine.

Le *Crédit Lyonnais*, on le voit, ne manque pas de papiers de famille..., ni de titres !

LES CHEVAUX DE MARLY

La place de la Concorde, fait peau neuve.

Les divers ornements de notre belle place, que dépare malheureusement le Monolithe de Louqsor, ont été, à tour de rôle, l'objet d'une toilette sérieuse.

Aujourd'hui c'est aux « chevaux de Marly » qu'on s'attaque ; de grands échafaudages les entourent : on va les bouchonner, paraît-il, d'importance.

On sait que les groupes célèbres dûs au ciseau de Coustou le Jeune sont les derniers vestiges du fameux château de Marly dont ils décoraient l'abreuvoir. Ils furent transportés, par décret de la Convention, après le pillage du château en 1798, à l'entrée de l'avenue des Champs-Elysées pour faire vis-à-vis à la *Renommée* et au *Mercure* de Coysevox lesquels sonnant tantôt la guerre, tantôt la paix, mais toujours la gloire de Louis XIV, encadraient le *Pont-tournant* des Tuileries. C'est là que le 12 juillet 1789, le prince de Lambesc, à la tête du *Royal-Allemand*, chargea la foule ameutée. Ce fut le « lever du rideau » du sanglant drame révolutionnaire : le surlendemain, le peuple prenait la Bastille.

— Lambesc s'expatria et mourut, obscur quoique Pair de France, sous le nom de duc d'Elbeuf, dans le fin fond de l'Autriche, en 1825.

A l'entrée de la grande voie triomphale, les « chevaux de Marly » sont bien à leur place.

Pour eux c'est une fête perpétuelle. Pensez-donc ! tout ce que Paris compte de leurs congénères, en chair et en os, défile à leurs pieds. Les dimanches d'été, aux jours des réunions des *Four in hands* de la « Société des Guides », ils ont grande peine à tenir en place, les vieux chevaux de Coustou...

Malheureusement, la marée automobiliste monte toujours. Les chevaux de Marly — si peu *ombrageux* soient-ils, commencent à en prendre... ombrage, et un sourire de dédain tombe parfois de leurs lèvres figées en voyant s'escrimer nos modernes *teuf-teuf*... Qui donc saura jamais ce qui peut se passer, à certaines heures, dans le « cœur » des nobles bêtes ?..

LE « PROCÈS DU THÉATRE FRANÇAIS »

Au lendemain de l'incendie. — Sujet d'actualité. — L'apanage du duc d'Orléans. — Un concordat princier. — Les temps difficiles. — Un mot de Fontaine. — Les débuts de Dupin. — Une cause célèbre. — Transaction. — Tout n'est plus que cendres...

Si le sujet est tout d' « actualité », il n'est pas « actuel », car c'est un débat judiciaire, vieux déjà de trois quarts de siècle, qu'il vise : le démêlé fameux que la Maison de Molière eut à soutenir aux heures de la Restauration et qui, sous le titre de : « Procès du Théâtre-Français », prit place dans la galerie des « Causes célèbres », tant en raison des personnages qu'il mit en présence, que du fond même du débat et du nom de ceux qui le soutinrent.

Voici les « faits de la cause » sur lesquels le hasard

23

d'une récente découverte bibliographique — deux pièces manuscrites et « originales » dénichées dans une boîte du quai Saint-Michel — nous fournit des renseignements que nous croyons inédits.

*
* *

C'était aux heures sombres de la Révolution. Le Duc d'Orléans dont le fils se couvrait de gloire, à cette heure même, à Valmy et à Jemmapes, tenait, on le sait, en apanage, le Palais-Royal, avec, pour employer la vieille formule consacrée, « ses dépendances, aisances et circonstances »... dont le Théâtre-Français, édifié à ses frais, faisait partie.

Dépouillé de la plus grande portion de ses biens, réduit par les événements à ne plus percevoir qu'une infime part de ses revenus, le prince se trouva par là même dans l'impossibilité de continuer à servir les intérêts dus à ses créanciers et de résister à leurs clameurs pour obtenir le remboursement intégral de leurs créances. Il dut entrer en négociations avec eux, et par un « concordat » il dut accepter l'aliénation de ceux de ses biens dont la vente pouvait seule lui fournir les moyens d'effectuer ce remboursement.

Les terribles catastrophes qui se succédaient avec tant de rapidité, en ces heures désastreuses, le privèrent de tous les moyens de diriger ou même de surveiller les opérations des mandataires de ses créanciers. Forcé, au moment de sa translation des prisons de l'Abbaye dans les forts de Marseille, de les autoriser à continuer l'opération commencée, le prince signa « entre deux guichets comme lieu de liberté » — c'est ainsi que s'exprime l'architecte Fontaine — une procuration à cet effet, dont ses mandataires firent le plus déplorable usage. Tout ce dont il était possible de tirer parti fut vendu par eux indistinctement ; peu s'en fallut que le Palais-Royal lui-même ne devint leur proie ! Mandataires et créanciers ne songeaient qu'à accélérer les ventes, de crainte que quelque obstacle imprévu ne vînt les empêcher de les consommer. Ils se rendirent eux-mêmes acquéreurs, par l'acte du 30 juillet 1793, de la « Cour des Fontaines », et, pour comble, le 22 octobre suivant, Gaillard et Dorfeuille furent déclarés adjudicataires et propriétaires, pour la somme d'un million six cent mille francs *assignats*, non seulement des théâtres dont ils étaient locataires, mais même de la partie du palais qui y était adossée et qui leur fut donnée... par dessus le marché !

Gaillard et Dorfeuille s'étaient associés aux « comédiens français » qui s'étaient séparés de leurs camarades de l'Odéon — alors théâtre de la Nation — et ils exploitaient ensemble la salle du Palais-Royal, baptisée du nom de théâtre de la République à la fin de 1792. Ne pouvant payer, ni les uns ni les autres, ils ne songèrent qu'à gagner du temps, afin de déprécier les assignats qui tombaient de jour en jour. Ce fut alors qu'ils entrèrent en arrangement, d'abord avec le sieur Provost, puis avec le sieur Julien, qui parvint à se faire rétrocéder leur marché et à se mettre en possession d'une portion aussi importante du Palais-Royal, dont aucune loi ni aucun titre légal n'avaient autorisé la vente.

Cependant, les événements se précipitaient...

Le Palais-Royal avait été, sous l'Empire, réuni au *Domaine extraordinaire* de la Couronne, et Napoléon, choqué de l'aliénation du théâtre qu'il avait voulu racheter plusieurs fois, ordonna que toutes les ventes faites par les créanciers mandataires, et particulièrement celle du Théâtre-Français, fussent soumises à un examen scrupuleux, et il exigea que l'on demandât compte des titres auxquels chacun était devenu propriétaire, pensant bien qu'ils pouvaient être attaqués légalement.

Malheureusement, ces ordres donnés un peu tard (1812), ne furent pas exécutés et lorsque le héros de Jemmapes, le duc de Chartres, devenu duc d'Orléans, fut remis en possession du Palais-Royal en 1815, le Conseil du prince reprit, à son tour, l'examen commencé par ordre de l'Empereur lui-même, des ventes faites en 1793.

Dans les premiers jours de janvier 1818, M. Julien, qui se trouvait subrogé aux droits des premiers adjudicataires du théâtre, fut cité en justice.

Le procès donna lieu à des joutes mémorables et passionna l'opinion.

Dupin, l'aîné — il était tout jeune alors — plaida pour le prince. Ses « conclusions » — le mot était déjà de style à l'époque — portent la date du 8 février 1818. Elles étaient conformes au rapport manuscrit de l'architecte-expert Fontaine — ce sont les deux documents originaux que nous avons entre les mains — et établissaient nettement que le *consentement* du vendeur primitif n'avait pas été libre ; que ses mandataires avaient outrepassé leurs droits ; et que, au surplus, le Théâtre-Français, édifié sur un terrain *apanager*, était absolument inaliénable de par les Lettres-Patentes du 26 août 1784, en raison de la clause de réversion éventuelle de l'apanage à la Couronne.

L'avocat de M. Julien, Tripier, celui qui devait s'illustrer dans le procès de Lavalette avant de siéger à la Chambre des Pairs... répondit en soutenant que la vente avait un caractère « national » qui l'avait

23.

rendue inattaquable au même degré que si c'était l'Etat lui-même qui eût vendu ! La justice et l'équité paraissaient être du côté du prince et il est probable qu'il aurait réussi en dernier ressort ; mais les débats traînèrent en longueur — ils ont duré plusieurs années ! — D'ailleurs, l'époque était défavorable ; on avait cherché à persuader au public que le succès du Duc d'Orléans dans ce procès pourrait réveiller des inquiétudes que les déclarations de la Charte relatives aux ventes « nationales » n'auraient pas entièrement calmées, et on manifesta le désir qu'il le terminât par un arrangement. Peut-être le conseil en fut-il donné au Prince par des personnages puissants... Toujours est-il que le Prince y déféra en signant avec M. Julien une transaction qui lui coûta plus de douze cent mille francs !

Moyennant ce sacrifice, le Duc d'Orléans rentra en possession de son bien et les « comédiens ordinaires du Roi » devinrent ses locataires jusqu'au jour où Louis-Philippe quitta le Palais-Royal pour le palais des Tuileries...

... Et ce sont ces souvenirs — poussière des temps ! — qui nous assaillaient en foule, tandis que, sous nos yeux, s'enlevaient, à la pelle, les cendres de ce qui fut la salle du Théâtre-Français !

LA MORT DU DAUPHIN

Il était très populaire tout à l'entour du Palais-Bourbon, le dauphin dont il est ici question... Ajoutons qu'il était en pierre et figurait, agile et gracieux, armé du trident traditionnel, au fronton d'un singulier petit édifice de la rue de l'Université, à deux pas de la Chambre : le pavillon des eaux de la Ville.

Cet édicule aquatique — l'une des rares « fontaines marchandes » existant encore à Paris — n'avait plus guère raison d'être depuis la disparition du dernier porteur d'eau du quartier, ce « type » que Gavarni a immortalisé et que ne connaîtront pas les générations nouvelles ! On y avait établi, ces temps derniers, un service de *filtrage* municipal, et les éponges des ménagères du voisinage venaient parfois s'y faire rafraîchir. Les éponges devenant rares, on va abattre la fontaine « à l'usage du dauphin » et la remplacer par un petit square à l'usage de MM. les députés.

Architecture et politique !

RUE NOUVELLE : VIEUX SOUVENIRS

On vient de donner le nom du grand peintre du Panthéon, le Maître Puvis de Chavannes, à une voie nouvelle destinée à réunir la rue Ampère au boulevard Pereire.

Pour le tracé de la rue Puvis-de-Chavannes, on a éventré le dernier massif de ce qui fut jadis la butte de « la Planchette », au bas de laquelle courait un vallon qui fut utilisé naguère pour le passage du chemin de fer de ceinture.

« La Planchette » fut longtemps un territoire de chasse renommé et Grimod de la Reynière, le fermier général, y tua ses derniers perdreaux vers 1750...

On risquerait fort, aujourd'hui, d'y faire « buisson creux ».

LES PIGEONS DU SÉNAT

Des perdreaux aux pigeons, en passant par les cor-beaux, la transaction est naturelle. Toute la gent volatile de Paris y passera !

Si M. Loubet n'aime pas les corbeaux, on en fait présentement des hécatombes dans le jardin de l'Elysée, MM. les sénateurs semblent avoir pour les pigeons un goût particulier.

Toujours est-il qu'une main compatissante a ins-tallé juste au-dessus de la fenêtre du « salon du maréchal Ney » — qui fut aménagé en salle de tra-vail pour la presse lors des débats de la Haute Cour — un confortable pigeonnier en bois où les hôtes, au jabot bleuâtre, du jardin du Luxembourg viennent se reposer et... roucouler tout à leur aise.

Après la Haute Cour, une petite basse-cour, alors !

Pourquoi faut-il — amère ironie — qu'à quelques pas du pigeonnier, on ait semé tout un masif de pois de senteur ?

De pois de senteur à petits pois, il n'y a que l'épaisseur d'un qualificatif et les pigeons du Sénat ne doivent pas vivre tranquilles !

L'ÉGLISE SAINTE-ANNE

Au lointain quartier de la *Maison-Blanche* — c'est encore plus loin que le *Château-Rouge* — deux tours, d'une fraîcheur de tons éblouissante, minces, sveltes, élégantes viennent d'être débarrassées des échafaudages qui les emprisonnaient de longue date, et le drapeau français qui flotte gaiement à leur sommet amuse le regard du passant surpris.

Il nous indique, le lambeau de percale tricolore, que l'église Sainte-Anne, commencée en 1892, est enfin terminée. C'est un joli morceau d'architecture byzanto-romane qui fait honneur à son auteur, et qui se profile, pour le plus grand plaisir des yeux, sur l'horizon morne de ce coin perdu de Paris.

La nouvelle église est destinée à remplacer la chapelle dédiée à Saint-Marcel, paroisse *provisoire* du XIII⁰ arrondissement depuis 1849 et qui fut érigée sur l'emplacement du corps de garde où le général Bréa fut assassiné le 26 juin 1848.

L'église Sainte-Anne se trouvera en bordure de la future rue de Tolbiac qui réunira Grenelle à Ivry, par un savant arc de cercle coupant toute la rive gauche de Paris et deviendra bientôt le record des grandes voies de la Capitale.

Elle est déjà guettée par les odieux *tramways* de notre « ère nouvelle » !

———

L'AIEULE

Lors de l'Exposition de 1889, on eut l'excellente idée d'exhiber, dans la section des chemins de fer, les premiers spécimens des « machines sur rails » de Stephenson et de Crampton. C'est ainsi que la *Fusée* et la *Old Rockett* figurèrent à côté des types les plus récents de nos belles « Outrances » ou « Chocolat », à système Compound et à *boggies* qui font sans peine du cent-vingt à l'heure.

Pourquoi ne procéderait-on pas de même, cette année, en ce qui concerne les « machines sur route », nos modernes automobiles ?

Leur aïeule directe ne serait pas difficile à retrouver. On la rencontrerait sous l'un des hangars de la ville de Nantes qui la garde avec un soin aussi jaloux que celui que met Bordeaux à conserver le carrosse historique de la Duchesse de Berry.

C'est le 16 octobre 1864 que la première machine locomobile qui ait paru sur nos routes, fit ses débuts

publics à Nantes. La « machine routière Seitz » —
du nom de son inventeur — qui eut l'honneur d'être
montée par le préfet du département M. Mercier-
Lacombe, accomplit en ce jour la merveilleuse perfor-
mance... du *seize* à l'heure ! Elle était décorée de
drapeaux, de guirlandes et de trophées, la machine
Seitz, et cela nuisit peut-être à la rapidité de sa
course...

Quoi qu'il en soit, on s'extasia ferme autour d'elle ;
et dans le rapport préfectoral dont elle fut honorée
on peut lire que parmi ses avantages on remarque
« la facilité de l'arrêter instantanément bien qu'elle
soit lancée à toute vitesse et la faculté qu'on a de la
diriger au milieu des voitures et des chevaux... sans
avoir à craindre aucun accident ».

Lisez donc le rapport de M. le Préfet Lacombe,
Messieurs nos chauffeurs modernes. Lisez-le, méditez-
le et... appliquez-le !

24

LA « FOSSE AUX LIONS »

C'est bien plus loin — quoique du même côté — que le Jardin des Plantes où il n'y a d'ailleurs qu'une misérable fosse aux ours...

Dans le fond du quartier de la Glacière, une percée nouvelle va faire disparaître à jamais ce qui restait de la « fosse aux lions ».

C'était jadis le quartier général des saltimbanques, forains, bateleurs et de leurs bêtes plus ou moins féroces : d'où le surnom pittoresque conservé, jusqu'à nos jours, à ce coin — peu central — de la Capitale. Aux bêtes fauves d'antan succédèrent les *biffins* ou chiffonniers, et particulièrement les *bijoutiers* ou *faiseurs d'arlequins* dont la spécialité est de ramasser — en leur faisant un sort, — les reliefs des restaurants parisiens. Dans la corporation des « Chevaliers du crochet » ils jouent donc le rôle de chevaliers... de la fourchette !

Privat d'Anglemont a connu, visité et décrit dans son « Paris-Anecdote » la « Fosse aux lions » dans laquelle — nouveau Daniel — M. le Directeur des travaux de Paris va descendre à son tour, armé... de la municipale cognée.

AUTOUR DE LONGCHAMPS

A propos de la « fête sportive » des artistes qui viennent de donner une *matinée* en plein air, fort réussie d'ailleurs, deux mots d'érudition locale.

On sait que le moulin de Longchamps et la vieille tour restaurée, qui fait aujourd'hui partie d'une propriété privée, sont les derniers vestiges du célèbre monastère fondé par Isabelle, sœur de saint Louis, et inauguré par le roi en personne le 13 juin 1256.

Ce que l'on sait peut-être moins, c'est que l'hippodrome actuel occupe l'emplacement exact de l'ancien « parcours » de deux cents arpents accordé aux Sœurs mineures de l'Humilité Notre-Dame — c'est le nom que portaient à l'origine les saintes compagnes d'Isabelle — pour le pâturage de leurs bestiaux et que le joli bosquet d'arbres au pied duquel fonctionnait hier le jury des courses faisait partie de la « coupe » de douze arpents annuellement accordée aux abbesses pour leur chauffage.

Trouvez le moyen de placer tout cela au pesage un jour de courses et vous aurez certainement l'air du monsieur renseigné...

A QUI LA DEMI-LUNE ?

Un curieux procès vient de s'engager entre la Ville et une grande compagnie d'assurances, propriétaire d'un vaste immeuble à l'angle des rues Favart et Grétry.

On a peut-être remarqué que ces deux rues, au lieu de se rencontrer à angle droit, se fondent, pour ainsi dire, l'une dans l'autre, en une sorte de demilune formant cour, dont la propriété est réclamée par les deux parties en présence. Il y a, à cette bizarrerie de topographie, une explication : c'est là que s'étendait, au temps jadis, le *fossé jaune*, limite en cet endroit, de l'enceinte de Paris, et la demilune occupe exactement l'emplacement d'un ancien « redan ».

L'immeuble qui nous occupe, jadis propriété des Choiseul, fut vendu trois milions de livres... en assignats, le 21 thermidor an IV. Collot d'Herbois, ce fruit sec de théâtre, devenu membre du comité de Salut public, y habita.

Plus récemment, Baudelaire y occupa une pauvre chambre mansardée, dont la fenêtre domine précisément la demi-lune en litige.

C'est de là que sont sortis les poèmes du *Haschisch*... C'est de là que part, aujourd'hui, le papier timbré !

L'IMPASSE JAVOTTE

On la chercherait en vain dans « l'Indicateur exact et complet de toutes les rues de Paris ». Elle n'a rien d'officiel et ne se compose d'ailleurs que de deux ou trois maisonnettes basses, noires, maussades, remontant au-delà de l'époque où le quartier de la plaine Monceau actuel dépendait — cela ne date pas d'hier — de la commune de Neuilly... Deci, de là, quelques chétifs poulets picorent misérablement le maigre butin que leur fournit le pavé parisien... Ces malheureuses poules sont si peu grasses que c'est à penser qu'elles font maigre sept jours par semaine !

Bicoques, coqs et cocottes n'en ont plus pour longtemps à vivre ; l'impasse *Javotte*, dont le nom se peut encore lire sur la plaque municipale, à l'angle de la rue Rennequin, a déjà perdu tout son côté gauche absorbé par la rue Gustave Flaubert qui s'avance, majestueuse, parée d'hôtels du plus pur moderne style, dont la richesse eût fait rêver... *Madame Bovary* elle-même.

SÈVRES ET BRIMBORION

On parle beaucoup des « Sévriennes » en ce moment ; le roman — un roman sensationnel — s'en est emparé et c'est le cas de dire deux mots de la résidence affectée à ce « gynécée » universitaire.

Depuis sa fondation, l'Ecole normale de Sèvres — l'une des créations les plus *réussies* des Camille Sée et des Paul Bert — occupe les bâtiments de l'ancienne manufacture de porcelaines d'où sont sortis — quand nous en étions aux temps heureux du bon goût — tant de chefs-d'œuvre charmants.

C'est là — détail peu connu — que l'on fit un *auto da fé* des mémoires de Madame de la Motte, cet affreux libelle rédigé par Serre de Latour, rédacteur du « Courrier de l'Europe » sur les notes fournies par l'aventurière.

L'édition entière fut achetée par la police et brûlée dans le grand four de la manufacture par M. de Laporte, intendant de la « Liste civile ».

Il y a une dizaine d'années, la manufacture traversa la route de Versailles pour aller s'installer au Parc de Saint-Cloud.

Les « Sévriennes » ont remplacé les céramistes et les *fours* à percelaine se sont transformés — par une transition facile — en *fours* à baccalauréats pour filles d'Eve.

Mais le « bagne » se trouve paraît-il à l'étroit dans ces vieux bâtiments de la manufacture, et jette des regards d'envie sur son voisin immédiat, le délicieux pavillon de Brimborion lequel, accroché au flanc du coteau, avec sa façade blanche se détachant vigoureusement dans un cadre de beaux arbres, est le dernier vestige encore debout de ce qui fut le domaine de Bellevue.

Louis XV voulant se trouver à proximité des chantiers sur lesquels s'élevait le château qu'il destinait à Madame de Pompadour, y résida à deux reprises, en 1748 et en 1750.

La Révolution rasa Bellevue mais oublia Brimborion où résidèrent successivement, par la suite, le ténor célèbre Tamburini, le Baron Oppenheim, l'homme aux collections fameuses, enfin la famille de M. Darcy le très distingué Directeur de Commentry.

L'exquis pavillon Pompadour était parfois, au temps de la favorite, désigné sous le sobriquet de « taudis ».

Si les « Sévriennes » — à Dieu ne plaise ! — viennent à s'en emparer elles se surprendront parfois à l'appeler « la boîte ».

L'argot se rend et ne meurt pas.

BONAPARTE « CHAUFFEUR »

...Parfaitement ! Dans les procès-verbaux de l'Institut, section des sciences, à la date du 11 pluviôse an VI, on trouve la curieuse note suivante relative à la « voiture à feu » — l'automobile de l'époque — de l'ingénieur Cugnot :

« Lecture est faite d'une communication remise par le citoyen Bonaparte au sujet d'une voiture mue par la vapeur. Les citoyens Coulomb, Perrier, Bonaparte et Rouy sont chargés de faire un rapport sur cette machine et d'engager le citoyen Cugnot, qui en est l'auteur, à assister à l'expérience qu'on en fera et de présenter en même temps des vues sur la meilleure manière d'appliquer l'action de la vapeur au transport des fardeaux. »

Ajoutons que l'infortuné Cugnot attendait depuis près de trente ans la consécration de l'Institut, sa fameuse voiture lui ayant été commandée en 1769 par le ministre Choiseul.

ROBESPIERRE A SAINT-CLOUD

Le hasard d'une trouvaille a mis récemment entre nos mains deux documents « originaux » curieux dont le rapprochement est, pour le moins, saisissant.

Le premier est un décret pris par la Convention, « à la demande de Robespierre », et portant que le domaine de Saint-Cloud, devenu propriété nationale, sera à l'avenir « conservé et entretenu aux dépens de « la République, pour servir aux jouissances du peu- « ple et former un établissement utile à l'agriculture « et aux arts... »

La seconde pièce est le compte rendu, fait par la municipalité de Saint-Cloud, de la fête célébrée dans le parc le 9 thermidor an VII (27 juillet 1797) en souvenir de la chute de Robespierre, le « tyran ab- horré » (*sic*).

Entre la publication de ces deux pièces, trois années ne s'étaient même pas écoulées !...

Les réputations se faisaient et se défaisaient vite en ces temps encore plus... « difficiles » que les nôtres.

DU HAUT DE LA PLATEFORME MOBILE

A l'entrée de l'avenue de la Bourdonnaye, enserrée entre deux immeubles aux fantastiques étages, une étroite bande de terrain planté de cyprès et de saules porte, à son centre, un petit mausolée dont la coupole de bronze est surmontée d'une croix.

C'est, on le sait, le monument du « Prince Impérial » érigé, en 1879, par souscription, et autour duquel des mains pieuses entretenaient soigneusement — et cela depuis plus de vingt ans — quelques roses trémières et un pied de chèvrefeuilles, la fleur favorite de l'infortuné prince...

Une haute muraille met d'habitude à l'abri du profane cette terre de paix; mais les indiscrétions de l'odieux « trottoir roulant », qui passe par là, l'ont, en quelque sorte, en la surplombant, jetée dans le domaine public et nous avons surpris chez plus d'un promeneur de la plate-forme mobile cette muette interpellation : « Quelle est donc cette chapelle? »

Et, de fait, c'est une vision inattendue et vraiment saisissante — lorsque le soir est venu et que la lune jette mélancoliquement ses pâles rayons sur l'humble mausolée — que celle de cette oasis de repos et de silence jetée, par l'ironie du sort, entre les *flons-flons* du « palais du Costume » ou d'un « Maréorama » quelconque et le grouillant brouhaha de la lourde plate-forme où s'ébat la foule avide de plaisirs et de bruit...

L'antithèse ne perd jamais ses droits...

UN NOUVEL HIPPODROME

L'immense plaine de Buzenval, dont le nom évoque de si tristes souvenirs et qui, depuis la guerre, était demeurée en quelque sorte inculte, vient de subir une heureuse et complète transformation. Elle a été, comme sous le coup d'une baguette magique, métamorphosée en une verdoyante prairie sur laquelle deux pistes ont été tracées, et servira dorénavant aux ébats des « nobles bêtes » qui se consoleront ainsi de la fermeture de l'ancien champ de courses voisin de La Marche.

Les tribunes sortent déjà de terre et d'élégants pavillons, du plus pur normand, émaillent çà et là la verte prairie qui a englobé dans son enceinte l'ancienne ferme impériale de La Fouilleuse, transformée plus tard en colonie pénitentiaire féminine. Cette dernière dut être fermée à la suite d'incidents scandaleux qui furent portés à la tribune de la Chambre.

Espérons que le *tapis vert* du champ de course de Saint-Cloud ne se transformera pas — pas trop vite! — en... tripot.

BALZAC CHASSEUR

Nous connaissions Balzac romancier, Balzac poète, Balzac historien, Balzac commanditaire, « Balzac à Clichy » — il était toujours couvert de dettes, le pauvre grand homme — « Balzac en pantoufles » de Léon Gozlan — Balzac architecte — voyez les *Jardies* — ; nous connaissions enfin Balzac statufié par Rodin...

Voici aujourd'hui Balzac chasseur.

Le nouvel avatar de l'immortel père de la *Comtesse de Ruremonde* nous apparaît sous la forme d'un livre très rare dont voici le curieux libellé :

La Chasse à Tir
poème en cinq chants
orné de cinq gravures
chez H. Balzac
Paris, 1827
rue des Marais Saint-Germain, n° 17

Et dont les premières lignes sont ainsi conçues :

« La chasse est le seul amusement qui fasse diversion entière aux affaires, le seul délassement sans molesse, le seul qui donne un plaisir vif sans langueur, sans mélange et sans satiété... »

Ce n'est pas possible ! Balzac devait à cette époque, commanditer une boutique d'armurerie...

Il en a commandité bien d'autres !

A NANTERRE

La ville aux rosières, aux pompiers et aux gâteaux célèbres est en ce moment en pleine activité. Nous sommes en effet à l'époque du pélerinage qui amène annuellement de Paris et de la banlieue, de nombreux contingents de fidèles.

C'est dans la grotte voisine de la célèbre petite église, là-même où s'élevait l'humble demeure de la patronne de Paris — qu'ont été recueillis et pieusement conservés les derniers vestiges de l'ancien calvaire du mont Valérien, renversé par la révolution de Juillet.

Tout à côté de la grotte se trouve le puits miraculeux de sainte Geneviève.

On sait que la mère de la sainte étant menacée de perdre la vue, lui dit d'aller puiser de l'eau au puits voisin de leur habitation en demandant à Dieu sa guérison, et que les prières de la jeune vierge furent exaucées...

Ceci se passait vers l'an 430, et depuis cette date les eaux claires et limpides du puits miraculeux n'ont jamais tari !

UNE RUE PASSÉE... AU BLEU

Sait-on l'étymologie de la dénomination de la rue *Bleue* dont la Presse vient de s'occuper à propos d'un crime sensationnel.

Elle est assez bizarre.

La rue en question s'appelait jadis rue d'Enfer *Coquenard*, pour la distinguer de la rue d'Enfer *Saint-Jacques,* devenue elle-même rue Denfert-Rochereau en souvenir du héros de la guerre de 1870-71.

C'est par antiphrase, sans doute, que la rue d'Enfer portait ce nom, car elle menait tout droit à la rue de... Paradis, encore existante. Toujours est-il que, choqués de cette dénomination, les habitants de la rue d'Enfer en réclamèrent longtemps le changement. On le leur accorda au début du siècle dernier, lorsque s'y établit une usine de « bleu d'outremer », la première que l'on vit en France — importante industrie importée d'Angleterre et qui devait devenir vite populaire dans le monde... où l'on blanchit le linge.

La fabrique de « bleu » disparut lors du percement de la rue Lafayette, mais son nom resta à jamais fixé sur les plaques, bleues également, de la voirie parisienne...

———

FEU BOBINO !

On vient de jeter bas, à l'angle des rues Madame et de Fleurus, une bizarre construction, massive et écrasée, dont les toits mansardés et couverts de tuiles dignes d'un autre âge jetaient une note archaïque dans ce coin de Paris qui, lui aussi, se modernise chaque jour davantage. C'est là que s'étendaient jadis les « dépendances » — entrée des artistes, magasins de décors et accessoires — du légendaire théâtre Bobino qui fit la joie de nos grands-pères et ne perdit sa vogue que lorsqu'il changea prétentieusement son titre populaire en celui de théâtre du Luxembourg et éleva de un franc cinquante à deux francs le prix de ses avant-scènes.

Bobino, démoli depuis longtemps pour faire place aux locaux occupés aujourd'hui par le Cercle catholique, se rappelait au souvenir du passant distrait par une curieuse enseigne accrochée au-dessus de la porte de la maison qui nous occupe. C'était une toile naïvement brossée mais représentant très exactement l'ancien petit théâtre aux tréteaux ombragés de grands arbres... La toile a disparu avec le reste. On ne sait ce qu'elle a pu devenir.

Nous la retrouverons peut-être, comme toile de fond... à guignol !

BONS ET MAUVAIS NUMÉROS

Ce n'est pas un écho du tirage au sort... Il s'agit tout simplement du numérotage absolument fantaisiste et choquant des maisons, fort bizarres elles-mêmes, sur le toit desquelles passe le chemin de fer de Vincennes, en bordure de l'avenue Daumesnil et de la rue de Lyon, à son débouché sur la place de la Bastille.

A l'endroit où cette *ligne* de maisons... et de chemin de fer s'infléchit sur la gauche, elle cesse d'appartenir à la rue de Lyon pour prendre le nom de Daumesnil; seulement — et c'est ici que gît l'anomalie municipale, tandis que la première maison de l'avenue Daumesnil porte le numéro *1*, la dernière de la rue de Lyon, qui lui est contiguë, porte le numéro *34*. En bonne logique, il faudrait que les numéros de cette rangée de maisons à arcades formant viaduc, fûssent tous impairs ou tous pairs, puisqu'elles se suivent et sont sur le même rang.

Dans l'espèce, et d'après la règle adoptée par le service de la voirie de Paris, qui veut que les numéros *pairs* soient à la *droite* du promeneur suivant le cours descendant de la Seine, c'est l'avenue Daumesnil qui est mal numérotée.

Semblable anomalie se retrouve d'ailleurs en ce qui concerne les rues de Rivoli et Saint-Antoine qui, quoique se prolongeant l'une par l'autre, sont numérotées à l'envers.

Tout cela, évidemment, n'empêche pas la terre de tourner mais ça fait quelquefois retourner les cochers.

A SAINT-OUEN

Une anecdote à propos du domaine dont le principal ornement est, de nos jours, l'hippodrôme qui vient de rouvrir ses portes.

Le parc où s'escriment actuellement les « nobles bêtes » et qui appartient à Madame la princesse de Craon, fut acheté en 1745 pour Madame de Pompadour. Le château qu'il entoure, un peu délabré de nos jours, fut restauré de 1817 à 1823 ; il abrita, on le sait, Louis XVIII à son retour de Gand, et c'est là, que le 2 mai 1814, le roi octroya sa Charte fameuse, ou plus exactement, la « déclaration préalable » qui lui servit de base. On sait aussi que, par la suite, le Souverain-homme d'esprit fit hommage de Saint-Ouen à la séduisante Madame du Cayla.

Ce que l'on connaît peut-être moins c'est le quatrain malicieux qui, tracé d'une main inconnue, apparut en « transparent lumineux », au milieu des lampions et des lanternes vénitiennes, le jour où Madame du Cayla prit possession de son château.

Il fit, ce quatrain, le tour du tout-Paris de l'époque.

Le voici :

> Pour montrer le bon goût qu'il a,
> Le successeur de Bonaparte
> Changea le *berceau* de la Charte
> En un beau *lit* pour... du Cayla !

Le Roi fut le premier à en rire.

FANTAISIE DE GRAND SEIGNEUR

A propos du château qui, près de Champrosay, s'élève à l'orée de la forêt de Sénart qui abrita long-temps le compositeur du Mersan, directeur des *Folies-Dramatiques* dont on a annoncé récemment la vente, rappelons une anecdote peu connue que raconte Léon Gozlan dans ses *Tourelles*.

Au temps où le comte Aguado habitait Cham-prosay, il lui fallait, pour rentrer chez lui, tra-verser la Seine sur un pont récemment construit, lequel avait coûté 700.000 francs et était, comme la plupart de ses congénères des environs de Paris, à cette époque, soumis à un droit de péage.

Un jour, raconte Gozlan, que madame Aguado se plaignait d'être obligée de faire arrêter sa voiture pour acquitter le droit de péage : « Il n'y a qu'un « remède à cet inconvénient, répondit son mari, per- « sonne ne payera plus rien pour passer sur ce pont. » Et le droit de péage fut aboli.

Il en coûta 700.000 francs au comte Aguado..... Mais, de ce jour, le pont rédimé ne fut plus appelé, par les gens du pays, que le « pont Aguado ».

Et ça valait bien quelque chose !

PATIENCE ET LONGUEUR DE TEMPS

M. le préfet de la Seine a ouvert, à la date du 27 juillet dernier, une enquête en vue du « classement » du chemin dit du « Val d'Or », à Suresnes, dont l'ouverture avait été décidée par arrêté du 13 novembre... 1851 ! Ainsi en témoignent les petites affiches blanches officielles apposées récemment sur les murs de la commune.

Voilà donc bientôt cinquante ans que ledit chemin, à l'encontre de la porte d'Alfred de Musset, n'est ni ouvert ni fermé...

Les gens du « Val d'Or » — ce gracieux coteau qui domine la Seine et... le chalet du Cycle — ont vraiment de la patience.

Ils se rattrapent d'ailleurs, par un innocent jeu de mots et vont sans cesse répétant, en allusion à l'affreux bourbier qu'est en ce moment ledit chemin, que le « Val d'Or » est toujours... *de boue*...

Pardon...

L'AVENUE FÉLIX-FAURE

Là-bas, bien loin, tout au fond de Grenelle, l'édilité parisienne vient de faire apposer ses traditionnelles plaques de fonte émaillée bleue, portant le nom de l'ancien Président, aux deux extrémités d'une voie nouvelle qui, partant de l'église Saint-Jean-Baptiste, longe l'hôpital Boucicaut et va se perdre dans les solitudes avoisinant les Magasins généraux sur l'emplacement de l'ancienne « Usine de Mgr le comte d'Artois pour la fabrication de l'eau de Javel » dont nous avons déjà parlé.

La voie nouvelle ne se compose que de deux immenses palissades en bois... derrière lesquelles il n'y a rien, pas un seul arbre — bien qu'on l'ait décorée du titre d'avenue — pas une seule maison, pas un seul passant !

... Et le nom du Président « bon garçon » semble pleurer de se voir ainsi relégué dans ce coin perdu et déshérité de la périphérie parisienne !

LES « SAUSSAIES » DE LA VILLE-L'ÉVÊQUE

La compagnie de Saint-Gobain (verres, vitres et cristaux) est en train de s'offrir un véritable palais... de glaces, place des Saussaies, lequel va s'enfoncer — comme un « coin » — entre les différentes annexes du ministère de l'Intérieur, sur l'emplacement de l'ancien hôtel du marquis d'Albon. C'est là que s'étendaient jadis les fameuses plantations de saules — saulaies ou *saussaies* — qui dépendaient du fief de monseigneur l'Evêque de Paris — ou « Ville-l'Evêque » — d'où la double dénomination de deux des rues de cet élégant quartier.

Lorsque la marquise de Pompadour vint s'installer en l'hôtel qui abrite aujourd'hui M. Loubet et sa fortune, la vieille saussaie fut divisée entre divers propriétaires qui s'empressèrent de remplacer les saules — ce qu'ils ont dû pleurer, s'il y en avait de pleureurs! — par des hôtels. Celui qui nous occupe fut construit pour le compte du marquis de Faudoas et c'est là que naquit Mademoiselle d'Esparbès-Faudoas laquelle devint avec le temps Madame Savary, duchesse de Rovigo.

L'hôtel passa ensuite à la famille d'Albon qui aliéna une partie de ses beaux jardins pour complaire à la femme du ministre de l'Intérieur de l'époque, Madame la duchesse de Persigny, née La Moscowa.

La duchesse avait des caprices. C'est elle qui exigea le transfert à la place Beauveau du ministère de l'Intérieur qui logeait rue de Grenelle et qu'elle trouvait trop « loin de tout ». Elle était, Madame de Persigny, plus « faubourg Saint-Honoré » que « faubourg Saint-Germain ».

Une fois sur la rive droite, la duchesse eut la nostalgie des arbres et elle rêva de créer en plein cœur de Paris une succursale de son beau parc de Chamarande, ce bijou de la grande banlieue parisienne, jadis au marquis de Talarut, aujourd'hui à M. Amodru, député d'Etampes. D'où l'acquisition en question.

Le rêve de Madame de Persigny n'aura pas eu de durée. Après la guerre, on supprima le « parc » du ministère. Les arbres servirent à alimenter les calorifères... et sur cet emplacement se sont élevés les locaux affectés à la « Sûreté » générale.

C'est une chute.

LA « GARE DES FÊTES »

Nous sommes en pleine canicule et l'on conçoit aisément le succès qu'obtient en ce moment le spectacle, aussi aquatique que rafraîchissant, des grandes eaux de Saint-Cloud. Chaque dimanche, les trains de l'Ouest amènent sous les ombrages du célèbre parc, d'énormes contingents de Parisiens venant faire, autour du « grand jet », le traditionnel pèlerinage.

La joie serait complète pour le public s'il lui était permis d'utiliser la belle gare que Napoléon III inaugura à la fin de son règne. Elle aboutissait à la grille même du parc, et on la désigne encore dans le pays sous le nom de « gare des fêtes ».

Singulière ironie, d'ailleurs! car la « gare des fêtes », saccagée par les obus de 1871, ne s'est pas relevée de ses ruines.

Juchée en haut d'un escalier monumental, la « gare des fêtes » ne présente plus guère qu'une suite d'élégantes colonnes privées de leur faîte et servant de cadre à un débordement de verdure, lianes, ronces et plantes grimpantes qui ont poussé là comme par enchantement...

Mais les assises de la gare sont intactes; les voies d'accès, venant de Saint-Cloud-Montretout, n'ont pas souffert, et nous croyons que la Compagnie de l'Ouest pourrait, sans s'imposer de trop lourds sacrifices, rouvrir au public la « gare des fêtes », dont la dénomination cesserait d'être une amère ironie!

PEAU NEUVE

La vilaine « pompe à feu » d'Auteuil, l'aînée de celle de Chaillot, vouée elle-même, on le sait, à une ruine prochaine, vient de disparaître.

A la place de ses vieux toits branlants, tout garnis d'une vigne folle, et de sa haute cheminée dont le faîte, battu par les vents, se profilait tristement à l'horizon des berges de la Seine, une nouvelle usine s'élève, pimpante et coquette, avec ses immenses lanterneaux éblouissants sous le soleil. C'est elle qui, désormais, alimentera les bassins de la rue Copernic restés, depuis si longtemps, à peu près à sec.

Des anciens pavillons un seul a été conservé. C'est celui du conservateur des Eaux. Il présente un élégant fronton sculpté, décoré de tritons, de dauphins et autres poissons généralement quelconques, lesquels, échappés au massacre, paraissent heureux... comme des poissons dans l'eau !

LE CHÊNE DE MADRID

Il y aurait toute une histoire à faire sur les « arbres de Paris ». On connaît déjà le cèdre du Jardin des Plantes, celui de Gigoux, à l'ancienne « Folie-Beaujon », rue Balzac ; l'orme de Saint-Gervais, le tilleul de la rue Saint-Jacques et le frêne de la rue Dareau...

Il en est un que la curiosité parisienne connaît moins : c'est le chêne de Madrid.

S'élevant en bordure du boulevard Richard Wallace, en face de la grille du Bois — c'est encore Paris — ce chêne vénérable déborde sur la chaussée et, pour le faire respecter, on a dû imposer au trottoir une saillie sur la voie publique.

Tout bardé de fer, avec, pour cacher ses profondes cicatrices, d'énormes plaques de chaux goudronnée, ce vieux chêne est le dernier témoin survivant de l'ancien château de Madrid, cher à Diane de Poitiers, qui a dû soupirer souvent sous ses puissants ombrages...

Il est, paraît-il, question d'abattre le chêne de Madrid parce qu'il dépasse l'alignement et n'est pas « autorisé ».

GRANDEUR ET DÉCADENCE

Au flanc des côteaux de Longchamps, près de la gare nouvellement construite pour desservir le champ de courses de la Fouilleuse, se dressent inopinément deux kiosques variés d'apparence et de forme que le promeneur surpris se rappelle de suite avoir vu « quelque part »...

C'est d'abord un de ces petits édicules au toit arrondi en manière d'écailles, un de ces anciens « postes-vigies » de nos stations de fiacres, remplacés depuis peu par d'insolents kiosques tout bardés d'affiches lumineuses, et qui vécurent si longtemps de notre vie boulevardière !

C'est ensuite l'un de ces nombreux chalets, au galbe bizarrement contourné, où se faisait, à l'entrée de la grande foire de 1900, le contrôle des visiteurs de l'Exposition.

Et ces deux édicules parisiens, servant de « bureaux de renseignements » à je ne sais quelle société immobilière, et perdus désormais dans les solitudes rurales, semblent être deux vieux débris se consolant entre eux... de leurs splendeurs passées !

ILS Y PASSERONT TOUS

Il s'agit des anciens domaines historiques des environs de Paris. La spéculation s'en est emparée et ces beaux châteaux, qui faisaient jadis à Paris, comme une couronne de joyaux étagés sur les coteaux qui bordent la Seine, disparaissent l'un après l'autre.

Les vieux murs qui ont abrité tant de splendeurs passées sont démolis ; les futaies aux ombrages séculaires sont jetées bas. Des uns, on fait des bases d'assise pour ces odieuses « maisons de rapport » à six étages qui enlaidissent à plaisir la banlieue parisienne ; des autres, on a fait des bûches et des fagots... Aujourd'hui c'est le tour du splendide parc des Princes de Beauvau, que l'on vient de mettre en « lotissement ».

Situé sur les confins de Garches et de Rueil, sur un plateau d'où l'on jouit d'une vue féerique, le parc de Beauveau n'a pu se relever des terribles atteintes qu'il eut à subir aux sombres heures de 1871. C'est sous ses murs que se déroulèrent les plus douloureux épisodes de la journée de Buzenval, dont un modeste monument funéraire rappelle encore l'angoissant souvenir.

... Celui-là, au moins, ne disparaîtra pas !

NOTRE-DAME-DES-FLAMMES

La petite ville de Bellevue vient de célébrer sa fête patronale et, à cette occasion, ceux qui ont le culte du souvenir n'ont pas manqué de faire leur pieux pélerinage à Notre-Dame-des-Flammes.

C'est sous ce titre que se cache, derrière un rideau de verdure, à la sortie de la tranchée de Meudon, une humble chapelle érigée naguère, par souscription publique, en commémoration du terrible accident de chemin de fer où, le 8 mai 1842, l'illustre marin Dumont d'Urville trouva la mort.

Le sanctuaire de Notre-Dame-des-Flammes, ainsi désigné de ce que la plupart des victimes de cette catastrophe furent brûlées vives — la chaudière de la locomotive ayant fait explosion après avoir déraillé — est confié aux soins des Frères de la Doctrine Chrétienne dont le pensionnat est tout proche.

Il renferme, entre autres souvenirs touchants, la liste de toutes les personnes tuées ou blessées dans la catastrophe du 8 mai et qui, hélas ! se comptèrent par centaines...

La France distribuant des couronnes, à Saint-Cloud

LA FRANCE A PERDU LA TÊTE

...Il s'agit de celle qui, jadis juchée au faîte de feu le Palais de l'Industrie, le front auréolé de pointes d'étoiles, a, durant près d'un demi-siècle, distribué des couronnes... de pierre à l'Industrie et à l'Art affalés à ses pieds...

Saint-Cloud devient décidément l'Hôtel des Invalides de tout « ce qui a cessé de plaire » à l'Administration ; naguère nous parlions du « Grand Livre » de la Dette qui y fut transféré ; aujourd'hui c'est le tour du fameux groupe d'Elias Robert qu'on vient de placer sur l'une des pelouses du parc, près du « Grand Jet ».

La « France » est là, « au rez de chaussée » — au ras de terre plutôt — et rien de plus saisissant que l'impression qu'elle produit de tout près sur les yeux accoutumés, pendant de longues années, à la contempler à une distance de trente bons mètres, alors qu'outre l'Art et l'Industrie déjà nommés, elle couronnait le portique monumental sous lequel, aux beaux jours de l'*Hippique,* s'engouffraient les élégantes mondaines venant, entre deux *five o'clock teas* et un tour aux « Acacias » encourager du regard et du geste — le geste était souvent beau ! — les prestes chevaliers s'escrimant sur le sable fin de la piste...

— Donc la « France » d'Elias Robert, après avoir croqué longtemps le marmot, en bas de son ex-piédestal des Champs-Elysées, a fini par prendre ses quartiers à Saint-Cloud.

Cela n'a pas été sans peine, d'ailleurs, et au cours de ces diverses opérations, la malheureuse « France » a été décapitée... Tant bien que mal — plutôt mal — on a dû lui confectionner en ciment tout frais, une tête nouvelle, laquelle s'enlève en une vigoureuse note blanche sur la grisaille du reste du corps noirci par les pluies et le « patine » du temps.

L'effet en est assez bizarre.

LES PAPIERS DE FAMILLE DE NOS THÉATRES

Madeleine-Bastille. — Des Capucines à Déjazet. — A la d'Aumont. — Le Désespoir de Charles Garnier. — Glaces, Sorbets et « Tutti-Frutti ». — Salon des Arts et Pari mutuel. — Un Théâtre qui boude. — Feu l'Hôtel de Luxembourg. — Le Ministre aux Bonnes-Finances. — Un Cousin de Romieu. — Victimes de la Commune. — Les Colonnes d'Hercule. — Faites votre choix.

La création prochaine, sur le boulevard, d'un nouveau théâtre dont M. Guitry sera le directeur, nous a suggéré l'idée de rechercher à travers l'histoire parisienne ce qu'étaient les terrains sur lesquels s'élèvent à présent nos salles de spectacles boulevardières, de la Madeleine à la Bastille.

Voici d'abord, à droite, le petit théâtre des *Capucines* où s'applaudit chaque soir l'amusante *Agence*

Léa, la dernière fusée du spirituel Miguel Zamacoïs. Jadis on y voyait le musée de Cire, qui avait été aménagé sur les terrains de l'ancien ministère des affaires étrangères, à la porte duquel une fusillade subitement provoquée par un coup de pistolet parti... au hasard, a commencé la révolution du 24 février. Le ministère avait pris la place de l'ancienne mairie où Bailly et Péthion succédèrent, en 1789, au lieutenant général de police.

L'*Olympia* s'ouvre en face. C'était jadis l'entrée des écuries du duc d'Aumont qui, suivant la chronique, « attelait si bien et se rasait si mal » et dont l'hôtel contigu se voit encore à l'angle de la rue Caumartin, sous la forme d'une élégante rotonde ornée de bas-reliefs. On sait que les premiers équipages remplaçant le cocher par un jockey à cheval sortirent de chez ce grand seigneur dont les écuries — fatale destinée ! — furent par la suite longtemps occupées par une entreprise de roulage et le char à bancs populaire.

L'*Opéra*, on le sait, est construit sur un immense marais, lequel subsista jusque vers le milieu du dix-huitième siècle. Ce marais était alimenté par le mystérieux ruisseau souterrain qui, descendant de Ménilmontant, va se jeter dans la Seine au pont de l'Alma, et dont la fâcheuse découverte fit le désespoir de

Charles Garnier, lorsqu'il établit, en 1861, les assises de son fastueux monument.

La rotonde du *Vaudeville* a remplacé une maison bourgeoise, local de la « Société des Inventeurs », où naquit Gustave Planche. Précédemment, un magnifique hôtel avait été construit sur le plan de Le Doux, à cet angle de la Chaussée-d'Antin — jadis chemin des Porcherons — pour le compte des Montmorency. A l'endroit où s'ouvre de nos jours l'entrée des artistes du Vaudeville, une longue avenue menait à un coquet pavillon, tout entouré de verdure, qui abrita Necker.

Le nouveau théâtre de M. Guitry devait s'ouvrir, si la préfecture de police n'y avait mis son *veto*, entre la place de l'Opéra et le pavillon de Hanovre, en face du Vaudeville.

Un curieux petit volume intitulé : *Viographe Parisien* et édité en 1785, nous indique que c'était l'emplacement des jardins et terrasse de l'hôtel de Gontaut-Biron, lequel s'ouvrait rue Louis-le-Grand, en face de la splendide demeure du duc de Richelieu.

Ce jardin joignait le parc des « Dames Capucines » dont le nom est resté attaché à tout le quartier environnant.

L'hôtel de Gontaut ayant été morcelé, un glacier

venu d'Italie mit à la mode, sous ces frais ombrages, la dégustation en plein air des *tutti-frutti* ; c'était au temps du Directoire. Puis, les arbres disparurent à leur tour, faisant place à une énorme fabrique de papiers peints, qui subsistait encore il y a une quarantaine d'années...

L'immeuble qu'occupent les *Nouveautés* a longtemps appartenu au philanthrope Richard Wallace. C'était jadis le jardin du chevalier de Crozat ; un hangar, assez rudimentaire, s'y établit ensuite sous le nom de « Salon des Arts ». Puis ce fut le tour des *Fantaisies Parisiennes*, créées par M. Martinet, « ancien inspecteur des beaux-arts », mais qui ne devaient vivre que ce que vivent les roses... Enfin, M. Oller établit là ses fameuses agences, au temps où le *pari mutuel* n'était pas encore devenu une... institution d'Etat !

Passons sous silence l'*Opéra-Comique*, qui s'obstine à tourner le dos au boulevard et signalons le « théâtre » *Robert-Houdin*, qui a remplacé, près du passage de l'Opéra, le célèbre « café Mulhouse ». Jadis s'étendaient là les immenses potagers de la « Grange-Batelière ».

Le *Joli-Théâtre* occupe, avec son voisin le passage

Jouffroy, l'emplacement des jardins de l'hôtel d'Augny, passé ensuite aux mains de la famille Aguado, et devenu la mairie du neuvième arrondissement.

En face, les *Variétés* dressent leur façade grecque. Leur généalogie est illustre : on admirait là, jadis, le kiosque chinois et la terrasse plantée du splendide hôtel de Luxembourg, construit sur les dessins de Lassurance, et dont la monumentale porte cochère se voit encore à l'entrée du passage des Panoramas, du côté de la rue Saint-Marc.

Parisiana possède aussi des papiers fort aristocratiques : M. le président de Sénozan y avait des jardins « dessinés à la française ». L'hôtel de Sénozan s'ouvrait rue Montmartre, tout contre celui de M. le duc d'Uzès. Le théâtre occupe exac ement la place de l'orangerie de ce beau jardin.

Nous voici au *Gymnase*. L'ancien « théâtre de Madame » s'élève en effet à la fois sur l'emplacement des jardins de l'hôtel du baron Louis, ministre aux « bonnes finances » — lequel avait sa façade sur la rue de l'Echiquier — et d'une caserne de gardes du corps. La duchesse de Berry conserva, jusqu'en 1830, le patronage de la scène nouvellement édifiée.

La *Renaissance* a été construite sur l'emplacement du restaurant Deffieux, qui fut brûlé par la Commune. L'immeuble appartenait précédemment au chevalier Cappello, ambassadeur de Venise ; on y vit ensuite une maison de jeu, puis l'ambassade de Turquie. Ensuite il passa aux mains de M. Romieu, cousin et homonyme du célèbre dîneur qui fut préfet du département... des truffes.

La *Porte-Saint-Martin* a remplacé la « salle provisoire », érigée en 1781, construite en quatre-vingt-dix jours et qui dura quatre-vingt-dix ans ! On y vit successivement l'Opéra, chassé du Palais-Royal par l'incendie ; puis « l'Opéra-Populaire » ; enfin les « Jeux Gymniques ». En 1814, le théâtre prit le nom qu'il porte toujours. Il devait être, lui aussi, l'une des victimes de la Commune... L'immeuble contigu, qui lui appartient, a été habité par le député-journaliste Havin, par le directeur Marc-Fournier et par le dramaturge d'Ennery.

L'*Ambigu-Comique*, ainsi dénommé, sans doute, de ce qu'on n'y joue que le drame, tient la place, depuis 1769, de l'hôtel d'Auberjon, dont les jardins formaient l'encoignure du « cours » et de la rue de Bondy. Son dernier propriétaire, le chevalier d'Auberjon-Muranais, fut, comme député, l'ardent adversaire de Mirabeau et de Robespierre. Il fut déporté à la Guyanne, où il succomba.

Depuis la disparition du légendaire boulevard du

Temple, le *Théâtre-Déjazet* constitue désormais les
« colonnes d'Hercule » du monde des théâtres que
nous venons de parcourir tout le long des Boulevards. Il fut ouvert sur l'emplacement de l'ancien jeu
de paume des comtes d'Artois.

Et maintenant que vous êtes « documentés » sur
nos scènes parisiennes, choisissez celle que vous
voudrez !

FIN

AUXERRE-PARIS. — IMPRIMERIE A. LANIER

TABLE DES CHAPITRES

9 782019 231576